JN005321

税制改正と税理士の心得
税に関する今と昔

今ある税制の背景を知り
税理士のたしなみを知る

税理士 中島 孝一 著

税

税務経理協会

はじめに

本書は，税経通信の2023年（令和５年）５月号から12月号に連載された「北千住税語り～税に関する今と昔～」を加筆・修正したものです。

連載は，筆者が税理士実務に関わるようになってから40年を超え，あわせて税理士法人を退職したことを機会に，その実務経験の中で未だ記憶が褪せない事柄等について執筆してはどうかと，税経通信・編集長の依頼を受けてから約１年後に受諾しスタートしました。

連載に当たり心掛けたことは，単に過去を懐かしがりながら様々な事柄を紹介することではなく，誰もが承知している出来事をとりあげた上で（共通認識が構築されます），その出来事があった当時の税制と現在の税制を比較する「今と昔」的なものにすることでした。

第１回は令和４年度税制改正項目である「税理士試験制度」の過去と現在を比較するとともに，「税理士試験制度」のあるべき姿について考えました。第３回では消費税の創設から令和５年10月に開始されたインボイス制度（令和５年度税制改正項目）に至る消費税の変遷を，消費税創設当時の世相を含め記述しました。

他に「バブル景気とその崩壊」に関連する税制での対応や「２つの大震災」に伴う震災税制の常設化など，時系列的に８回にわたり連載しました。

全８回の連載で共通することは，税理士実務を行う上での基礎知識として，毎年の「税制改正」を理解すること，毎年公表される「税理士損害賠償事例」を教訓とすること，さらに税制に影響を及ぼす「主要な判例研究」を欠かさないことが必要ではないかとの私見を述べています。

一言で表現すれば「税理士の心得」になります。

本書が，中堅・若手税理士の先生方にとって，税理士実務での一助となれば幸いです。

令和５年12月

中島　孝一

目　　次

第1回
税理士試験制度

1 昭和の時代の受験風景

税理士資格を取得するためには，原則として，一定範囲の受験科目のうち会計学２科目・税法３科目の合計５科目の試験科目に合格し，合わせて実務経験２年以上が必要となっています。

筆者が税理士試験の受験を始めた昭和40年代後半は，各大学での学園紛争により１年近く休校があった時期から数年後でした。

筆者の大学も入学した年に１年近く休校し，翌年３月後半に５日間（月曜日から金曜日まで）連続して講義を受け，土曜日に行われた試験結果が一定水準以上であれば２年生に進級できるというような有様でした。

税理士試験は，各大学が夏休みの時期に行われ（公認会計士の試験も同時期），東京の試験会場は早稲田大学と立教大学などだったと思います。

試験会場である当時の大学は冷房設備などないのが普通で，試験の答案用紙に顔の汗が落ちたり，腕の汗が答案用紙に纏わりついたりして困ったものでした。

現在では，冷房設備のない大学は皆無でしょうから，現在と比較すると劣悪な状況の中で試験が行われていたことになります。

試験問題（税法科目）の構成は，「理論問題（税法の条文の理解度を問うもので論文形式により回答）」と「計算問題（税法の条文に沿って課税標準の算定や税額計算の知識を問うもので，法人税法であれば当期利益から所得金額を算出など）」に分かれていましたが，「理論問題」は専門学校が作成した理論サブノート（税法の条文を簡潔にまとめたもので，通称「理サブ」）を丸暗記して試験に臨む受験者が多数いました。

計算問題は，電卓よりソロバンの使用が多かったような記憶があります。試験開始と同時にソロバンを弾く音が聞こえたことを今でも覚えています。

【令和４年度税制改正による税理士試験の受験資格要件の緩和】

多様な人材の確保と受験者数の減少に対処するため，税理士試験の受験資格について次頁表の見直しが行われ，令和５年４月１日以後から適用されています。

【見直し内容】

① 会計学科目（簿記論・財務諸表論）について，受験資格を不要とする。

② 税法科目の受験資格において，学識による受験資格を満たそうとする場合に修める必要がある学問の範囲（履修科目要件）について，現行の「法律学又は経済学（に属する科目）」を緩和し，「社会科学（に属する科目）」とする。

【税理士法等改正の効果等（イメージ）】

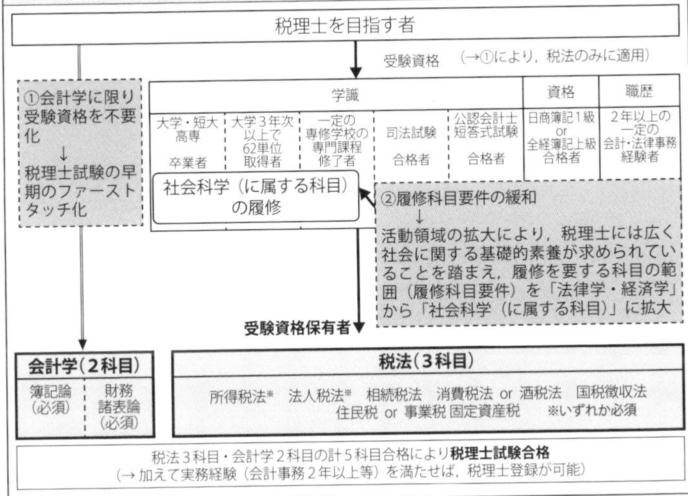

（日本税理士会連合会資料）

2 専門学校のサブノート

試験問題のうち計算問題は，どのような問題であっても合格ライン前後の点数が確保できる受験者が大半で，合否の分かれ目は理論問題の出来・不出来だったと思います。

理論問題は2問出題されることが多く，いわゆる「理サブ」から出題される可能性の高そうな問題の理論を丸暗記して，その問題が出題されれば合格圏内というような「運まかせ」だった面もありました。

「理サブ」を丸暗記すれば，税理士試験に合格する可能性が高くなったとしても，丸暗記した理論は試験が終わればすぐに忘れてしまい身につくものではないため，税理士実務では役に立ちません。

その点について，かねがね警鐘を鳴らしていたのが，山本守之先生でした。

受験者の大半は，税法の条文を読むことを避け（かっこ書きが多く難解なため），専門学校の「理サブ」を丸暗記することを嘆いていました。

税法の条文を読み込んで（一度読んで理解できなければ何度も読み返し），その内容を理解すれば，応用も可能で税理士実務の上で役に立つことを山本守之先生は説いていました。

税務経理協会から，渡辺淑夫・山本守之共著『法人税法の考え方・読み方』が発刊されていました（編集部注：現在は絶版）。

本書は，法人税法の各条文における規定の趣旨や仕組みなどについて山本守之先生が疑問点などを投げかけ，渡辺淑夫先生が答えるもので，問答形式により話し言葉で記述されていることから読みやすいものでした。

残念なことに，改訂されておらず，平成13年度の組織再編税制や平成14年度の連結納税制度創設以前までのものになっていますが，若手の税理士の先生方や受験者（税理士事務所の職員）にとっては，法人税法の条文を理解するための手助けとなるものであることから，一読することをお薦めします（「公益財団法人日本税務研究センター」の図書室にあると思います）。

3 税法の試験科目

国税庁の「税理士試験の概要」では，税理士試験の目的は，税理士となるのに必要な学識及びその応用能力を有するかどうかを判定することとされています。

試験科目のうち税法は，所得税法・法人税法・相続税法・消費税法又は酒税法・国税徴収法・住民税又は事業税・固定資産税のうち受験者が選択する３科目（所得税法又は法人税法のいずれか１科目は必ず選択）について行われ，税理士試験は科目合格制をとっているため，受験者は一度に５科目を受験する必要はなく，１科目ずつ受験してもよいことになっています。

所得税法と法人税法のうち，いずれか１科目が必須となっているのは，税理士実務で不可欠の税法であるため必ず受験することが求められているものと推測されます。

半面，酒税法や国税徴収法であったり固定資産税は，税理士実務での必要性を求められる機会は少ない税法であり，特に酒税法は試験に合格したとしても，実務で役立つ可能性は極めて低いものといえます。

これも山本守之先生が講演会でおっしゃっていたことですが，税理士の試験科目になぜ「国税通則法」がないのかということです。当時，筆者はそういえば含まれていないと思う程度でしたが，税理士実務を重ねるにしたがって「国税通則法」の基本を理解していなかったことを悔やんだことが多々あります。

若手の税理士の先生方は，税理士試験の試験科目でないとしても，税理士実務において不可欠といえる「国税通則法」を基礎から学ぶべきではないでしょうか。

4 合格証書の交付

合格証書が交付されるのは，官報合格者のみと聞いています。筆者は，原則どおり５科目の試験科目に合格しましたが，官報合格者ではないようで，合格証書が交付されませんでした。交付されない理由は，４科目合格後に２科目の受験で１科目のみ合格（残りの科目は不合格）だったからということのようですが，いまだに理解できないでいます（税理士実務に支障がないので，詳しく調べていませんが）。

試験科目が一部免除される認定合格として扱われたことによるものでしょうか。

いずれにしても，次のテーマである「試験科目一部又は全部免除」ではなく，５科目試験合格している実績を考慮して（ご褒美として），合格証書が交付されてもよいのではないかと70歳を過ぎた今でも思っています。

【令和５年度税制改正（案）による税理士試験合格者の公告方法等の見直し】

税理士試験合格者等の公告及び税理士試験実施の日時等の公告は，国税審議会会長が公告事項を相当と認める期間，インターネットを利用する方法により不特定多数の者が閲覧することができる状態に置く措置をとるとともに，官報をもって公告する方法により行います。

税理士試験合格者の公告方法等の見直し（案）

現行制度

○　国税審議会会長は，税理士試験合格者及び税理士試験全科目免除者の氏名を官報をもって公告しなければならないこととされている。

見直し案

①　税理士試験合格者の公告は，イ及びロによって行うこととする。

イ　国税庁のウェブサイトに，国税審議会会長が相当と認める一定の期間（税理士試験合格者の公告については，１年程度），公告事項を表示

ロ　公告事項を官報により公告（現行の方法）

（注）　他士業における取扱いやこれまでの税理士試験の慣行を踏まえ，ロの官報公告は存置する。

②　合格者のプライバシーに配慮する観点から，上記①の公告事項を税理士試験合格者の「受験番号（現行：氏名）」とする。

（注）　受験地と氏名という情報のみで，その者の電話番号等を入手できる可能性がある点に配慮。

③　税理士試験全科目免除者の公告を廃止する。

（注）　現行，税理士試験全科目免除者に対しては，国税審議会から通知がなされ，免除の事実を把握可能（他士業においても，基本的には，免除者は公告の対象外）。

（※）　上記のほか，現行，官報によることとされている税理士試験関連の以下の公告についても，上記①の方法により行うこととする。

- 税理士試験実施の日時その他税理士試験の受験に関し必要な事項の公告
- 公認会計士の税法に関する研修の公告
- 試験科目の一部の免除の認定基準の公告
- 税理士試験免除に係る指定研修の公告

（注）　令和６年４月１日以後適用。

（自民党税制調査会資料）

また，税理士試験合格者等の公告について，公告事項を受験番号（現行：氏名）とし，税理士試験全科目免除者の公告を廃止します。

上記の改正は，令和６年４月１日から施行されます。

5 いわゆる「ダブルマスター」について

税理士は，いわゆる「ＯＢ組（国税経験者等）」と「試験組」に区分されますが，「試験組」といわれる税理士の資格取得の方法は次の２通りになります。

① 税理士試験５科目合格した者であること

② 税理士試験５科目のうち一部又は全部免除された者であること

平成14年３月末までは，いわゆる「ダブルマスター（会計学と税法について，それぞれ大学院に進学して学位取得）」を利用して，税理士試験５科目が全て免除により税理士資格を取得することが可能でしたが，平成14年４月以降はその制度は廃止されています。

いわゆる「ダブルマスター」は，大学卒業後にさらに大学院２年間での学位取得を２回繰り返す必要があることから，その期間（大学４年間と大学院４年間）の学費負担を伴うため，平均以上の裕福な家庭環境である必要があり，税理士の子息が利用していた制度として知られていたようですが，筆者は５科目試験合格した後にその制度を知り，なぜそのような異様な制度が存在するのか不思議に思った（また，「あきれた」）ものです。

大学院２年間又は４年間で習得した知識では，税理士試験の受験者が合格するための努力や真剣さに太刀打ちできません。「腹の括り方」が違うということです。

現在では，全科目免除は廃止され，大学院で学位取得することにより一部免除に変わっています。

そのため，税理士資格の取得を目指す者の大多数は，５科目試験合格を避ける傾向にありますが，大学院での学位取得は専門学校の「理サブ」と同様に税理士実務で役立つ可能性は低いものと思われます。

税理士試験５科目合格することを前提に，各税法の仕組みを理解することを心掛けることが，結果的に税理士実務でも通用する知識が備わるものと確信しています。

6 税理士の資格取得はゴールではなくスタート

当然のことですが，税理士の資格取得はゴールではなく税理士としてスタートラインに立ったということです。

スタートラインでは，一部受験科目免除者は，５科目試験合格者と比較すると，税理士としての知識は劣っていると認識すべきであり，劣っている原因が一部科目免除であると自覚し「後ろめたさ」を持たないと税理士としてのその後の成長は見込めません。

「後ろめたさ」があれば，それが原動力となり５科目試験合格者が持つ知識まで追いつくだけでなく追い越すく可能性は十分あり得ます。

税理士実務における必要な基礎知識を備えるためには，毎年の「税制改正」と「税賠事故事例」を学ぶべきです。「税制改正」と「税賠事故事例」を学ぶことは，税理士実務を行うための車の両輪と位置付けられるべきものです(個人的な意見です)。

税法は毎年改正されますので，毎年の改正内容を理解し続けなければ，税理士業務に支障をきたします。また，税賠事故事例を学ぶことにより税理士実務における誤った判断の防止に役立ちます。

顧問先から信頼される税理士実務を遂行するためには，日々の精進の積み重ね以外ありません。日々の精進を継続した税理士とそうでない税理士との実務対応能力は，10年後であったり20年後に大きな違いとなってあらわれます。

第2回
税制改正と税賠事例

毎年12月下旬，閣議（政府内における最高意思決定機関）決定後に公表される「税制改正の大綱」と同じく，10月下旬に「株式会社 日税連保険サービス」から「税理士職業賠償責任保険事故事例（以下「税賠事例」とします）」が公表されます。毎年，税制改正と税賠事例が公表されるごとにその内容を確認することは，税理士実務を継続するためには欠くことのできないものと考えています。それを怠ると，顧問先からの信頼を失う事態を招きかねません。

第２回のテーマとしては，税制改正と税賠事例及びそれに関連する事柄をとりあげたいと思います。

1 毎年の税制改正のタイムスケジュール

「税制改正の大綱」は毎年12月下旬に公表されますが，公表から税制改正法案の通常国会への提出及び成立・施行までに，次頁のような経過をたどります。

毎年８月末までに，各省庁から翌年の税制改正の要望書が財務省に提出されることから，その要望書へ反映されるように，日本税理士会連合会では毎年８月初旬に財務省などに「税制改正に関する建議書」を提出しています。

毎年 8月末	毎年 12月中旬	毎年 12月下旬	翌年 1月中旬	翌年 3月下旬	翌年 4月1日
各省庁から税制改正の要望書が提出されます	与党の税制調査会が「税制改正大綱」を公表	政府が閣議決定後に「税制改正の大綱」を公表	税制改正法案が通常国会に提出されます	通常国会で法案審議後に成立	基本的に施行

11月下旬から，与党の税制調査会では要望書などの内容を精査するとともに検討を行い，12月中旬（令和４年は12月16日（金））に与党の「税制改正大綱」が公表され，これを受けて政府が12月下旬・閣議決定（令和４年は12月23日（金））した後に「税制改正の大綱」が公表されます。

翌年１月下旬（令和５年は２月３日）に，政府から税制改正法案（所得税等の一部を改正する法律案）が通常国会に提出され，国会で審議された後に法案が成立すれば，基本的に４月１日から施行されることになります。

2 自民党税制調査会と政府税制調査会の違い

自民党税制調査会は，自民党で政策決定を担う政務調査会の一機関であり，毎年秋から年末に翌年度の税制改正について各省庁や経済界などと協議して，増減税や新税の導入などの方向性を固め，連立を組む公明党とともに与党の税制改正大綱を作成します。

近年は，与党の税制改正大綱の内容は政府が翌年の通常国会に提出する税制改正法案に反映されるため，自民党税制調査会が実質的に税制を決めることが多くなっています。

一方，政府税制調査会は内閣総理大臣の諮問に応じて税制に関する調査審議をする諮問機関であり，各界の代表者及び学識経験者からなる30人以内の委員によって構成され，毎年度の税制改正に関する答申だけでなく，３年に一度，将来の税制改正の方向性に関する中間答申を作成しています。

特別あるいは専門の事項を調査審議する必要がある場合には，若干名の特別委員や専門委員を置くことができます。

筆者の恩師ともいえる税理士の平川忠雄先生が平成７年に村山富市総理（当時）から「法人課税小委員会」の特別委員に任命されたことが端緒になり，筆者が毎年の税制改正に関わることになりました。

平成８年11月の法人課税小委員会報告（石弘光委員長）は，従来の法人税法と商法・企業会計の三者間の「三位一体関係」又は「トライアングル体制」と呼ばれた密接な相互関係のあり方を見直す契機になったものとして位置付けられるものでした。

また，前回も触れましたが，法人税法の大改正といえる平成13年度・組織再編税制の創設や平成14年度・連結納税制度の創設において，同小委員会は一定の役割を果たしたようです。

筆者の身近で税制改正に関わっている税理士が存在していたことから，当事者でない筆者にまで平成８年頃に大蔵財務協会から法人税法や相続税法に関する税制改正の原稿執筆依頼（80頁程の小冊子）が来るようになり，平成12年以後は継続して日本法令の税制改正の単行本に関わるようになりました（平成10年から公認会計士の成田一正先生と税理士の飯塚美幸先生で執筆されていました）。

日本法令は，税制改正の単行本をどこの出版社より早く発刊することにこだわっていました。12月中旬に与党の税制改正大綱が公表された直後から12月末までの２週間から３週間で与党大綱ベースでの税制改正に関する原稿執筆の依頼を受け，20人以上の税理士が役割分担して執筆しています。

毎年，12月は税制改正の原稿執筆という状況が既に20年を超えた今でも続いていますが，例年，２月中旬に発刊されるので，他の出版社より早いものとなっています。

ただ，最近の専門誌（月刊誌）では，「税制改正の特集」が減少しています。以前であれば，毎年２月号ではどの専門誌も競って「税制改正の特集」をとりあげ，ある出版社では税制改正の特集の一環として座談会記事も掲載していました。

残念なことに，「税制改正の特集」や税制改正の単行本が売上不振で中止する出版社もあると聞きます。

専門誌や単行本を買わなくても，ネットで情報は容易に入手できるということかもしれませんが，筆者のようなアナログである高齢者は，紙に印刷されたものでないと馴染めません。

3 税理士職業賠償責任保険の仕組み

日本税理士会連合会では，相次ぐ税制改正や経済取引の複雑化等により，税理士業務の過誤による損害賠償請求が毎年数多く発生していることから，税理士会会員は依頼者保護を図るとともに，予測不可能な事故から事務所を守るため税理士職業賠償責任保険（以下「税賠保険」とします）の加入を進めています。

税賠保険は，税理士（個人）又は税理士法人が税理士資格に基づいて行った業務によって生じた損害賠償請求事故を補償するもので，日本税理士会連合会を保険契約者とする団体保険であり，日本税理士会連合会へ登録・届出をされている税理士（個人）及び税理士法人が加入できます。

令和５年２月１日時点での加入状況は，**【図表１】**のように税理士（個人）の加入率は50％強と低調で，税理士法人の加入率約86％と比較してかなり下回っています。

【図１】

＜個人用保険＞		＜法人用保険＞		
加入件数	加入率	加入件数	加入率	加入件数合計（加入率）
30,140件 （55,928件）	53.89％	4,179件 （4,820件）	86.70％	34,319件（60,746件） （加入率：56.1％）

（※）　2023年（令和５年）２月１日時点

（「株式会社 日税保険サービス」の資料に基づき筆者が作成）

4 税目別の事故件数の構成など

直近５年間における税目別事故件数や保険金支払額を一覧表にすると，**【図表２】**のようになります。

【図２　直近５年間における税目別事故件数・保険金支払額の推移】

税　目	平成29年度 （H29.7～ H30.6.30）	平成30年度 （H30.7.1～ R1.6.30）	平成元年度 （R1.7.1～ R2.6.30）	令和２年度 （R2.7.1～ R3.6.30）	令和３年度 （R3.7.1～ R4.6.30）
消費税	251件 （47.6%）	258件 （48.5%）	252件 （49.3%）	261件 （51.9%）	282件 （48.5%）
所得税	71件 （13.5%）	91件 （17.1%）	72件 （14.1%）	83件 （16.5%）	115件 （19.8%）
法人税	160件 （30.4%）	128件 （24.1%）	131件 （25.6%）	110件 （21.9%）	130件 （22.4%）
相続税	20件 （3.8%）	25件 （4.7%）	31件 （6.1%）	24件 （4.8%）	40件 （6.9%）
贈与税	17件 （3.2%）	20件 （3.7%）	17件 （3.3%）	16件 （3.1%）	5件 （0.9%）
その他	8件 （1.5%）	10件 （1.9%）	8件 （1.6%）	9件 （1.8%）	9件 （1.5%）
合　計	527件 （100%）	532件 （100%）	511件 （100%）	503件 （100%）	581件 （100%）
保険 支払額	16億 2千4百万円	17億 7千6百万円	22億 5千9百万円	22億 5千6百万円	17億 7千万円

（「税理士職業賠償責任事故事例（株式会社 日税保険サービス）」に基づき筆者が作成）

税目別事故件数では，消費税が約50％・法人税が約25％になり，２つの税目で全体の事故件数の約75％を占めることから，消費税と法人税の事故を減らすことができれば全体の事故件数は激減することになります。

税目別事故件数のうち消費税について，どのような事故が多いか直近５年間の事故内容を確認すると**【図表３】**のように基

【図３　直近５年間における消費税の事故件数・内容の推移】

項　目	平成29年度	平成30年度	令和元年度	令和２年度	令和３年度
①　簡易課税選択届出書・提出失念	39件（15.5%）	42件（16.3%）	44件（17.5%）	43件（16.5%）	52件（18.4%）
②　簡易課税不適用届出書・提出失念	88件（35.1%）	93件（36.0%）	81件（32.1%）	89件（34.1%）	88件（31.2%）
③　課税事業者選択届出書・提出失念	46件（18.3%）	35件（13.6%）	40件（15.9%）	38件（14.6%）	38件（13.5%）
④　課税事業者不適用届出書・提出失念	9件（3.6%）	9件（3.5%）	8件（3.2%）	5件（1.9%）	15件（5.3%）
①～④の小計	182件（72.5%）	179件（69.4%）	173件（68.7%）	175件（67.1%）	193件（68.4%）
⑤　その他	69件（27.5%）	79件（30.6%）	79件（31.3%）	86件（32.9%）	89件（31.6%）
合　計	251件（100%）	258件（100%）	252件（100%）	261件（100%）	282件（100%）

（「税理士職業賠償責任事故事例（株式会社 日税保険サービス）」に基づき筆者が作成）

準期間制度に関する届出書の提出失念が全体の約70％を占めることが分かります。

基準期間制度のうち，事故件数の多い簡易課税制度の届出書について，さらに事故内容を直近５年間でみると，「簡易課税制度不適用届出書の提出失念」は「簡易課税制度選択届出書の

【図4　直近5年間における法人税の事故件数・内容の推移】

項　目	平成 29年度	平成 30年度	令和 元年度	令和 2年度	令和 3年度
①　所得拡大促進税制の適用失念等	67件 (41.9%)	54件 (42.2%)	38件 (29.0%)	17件 (15.5%)	11件 (8.4%)
②　事前確定届出給与の提出失念等	23件 (14.4%)	27件 (21.1%)	34件 (26.0%)	11件 (10.0%)	40件 (30.8%)
①～②の小計	90件 (56.3%)	81件 (63.3%)	72件 (55.0%)	28件 (25.5%)	51件 (39.2%)
③　その他	70件 (43.7%)	47件 (36.7%)	59件 (45.0%)	82件 (74.5%)	79件 (60.8%)
合　計	160件 (100%)	128件 (100%)	131件 (100%)	110件 (100%)	130件 (100%)

(「税理士職業賠償責任事故事例（株式会社 日税保険サービス)」に基づき筆者が作成)

提出失念」と比較して２倍くらい多くなっています。

また，免税事業者が課税事業者を選択するための「課税事業者選択届出書の提出失念」は「課税事業者選択不適用届出書の提出失念」と比較して３倍から４倍くらい多いことが分かります。

上記から，消費税は「簡易課税制度選択不適用届出書の提出失念」と「課税事業者選択届出書の提出失念」の事故を防ぐことができれば，消費税の事故件数が半減することになります。

また，法人税についても同様に，どのような事故が多いか直近５年間の内容を確認すると**【図表４】**のように，以前は「所得拡大促進税制（賃上げ促進税制)」と「事前確定届出給与」

の提出失念等が全体の約２分の１を占めていました。しかし，両制度は直近では減少傾向にありましたが，令和３年度では「事前確定届出書」の提出失念等が急激に増加して，全体の約30％になっています。

上記から，法人税の事故件数はその構成が５年間で変動している状況ですが，少なくとも「事前確定届出書」の提出失念等の事故を防止するため方策を検討すべきといえます。

さらに，所得税では，「住宅ローン控除の適用誤り」や「上場株式等に係る譲渡損失の繰越控除の適用失念」などが事故件数の約40％を占め，相続税では「小規模宅地等の適用誤り」が直近では事故件数の50％を超えています。

税目ごとに，毎年の税賠事故の傾向を把握して，その結果を税理士実務に反映させることが，各種届出書の提出失念や判断誤りを防ぐための手立てとなると考えます。

5 税理士実務の羅針盤

まだメールのない昭和50年代後半だったと思いますが，12月中旬に記者クラブ所属の出版社から印刷された与党大綱が数冊（２冊か３冊だったと思います）届けられると，税理士事務所の所長であった平川忠雄先生は，事務所の職員へ早急に20部位コピーすることを命じました。

その直後に，親しい税理士の先生方や金融機関などが，ぞくぞくとコピーされた与党大綱を受け取りに来ていました。情報が入りにくい時代でしたから，与党大綱をいち早く入手したいという一部の税理士の先生方などが平川先生を頼って来所していました。

与党大綱をコピーする職員の近くで平川先生は，この与党大綱が「俺たちの飯の種（めしのたね）になるんだ」といっていたことを覚えています。

当時は意味も分からずに聞いていましたが，今となれば「飯の種（めしのたね）」の意味が何通りもあることが分かります。研修会の講師として「税制改正のレジュメ」に利用できたり，税理士実務で顧問先の依頼に応じた提案をするための道具としても使えたりしますが，平川先生独自の考え方も含まれていたのかもしれません。

また，税賠保険は平成になってからスタートした比較的新しい保険の仕組みですが，税理士実務の「転ばぬ先の杖」といえます。最終的にはこの杖に縋るとしても，縋る前に毎年の税賠事例を熟知すれば，税理士実務で事故事例と同じ過ちを繰り返さないための指針になります。

税理士実務の羅針盤として，「税制改正」という道具と「税賠事例」という２つの道具を使いこなすことができれば，大過なく税理士実務を遂行できるものと思います。

第３回
消費税の創設とインボイス方式の導入

令和５年度税制改正では，消費税に係るインボイス方式導入における更なる緩和措置が設けられました。その背景として，免税事業者に対しインボイス方式への登録申請に導くためのインセンティブといえますが，あわせて中小事業者等が早期に登録申請することを促すためのものと推測されます。

インボイス方式導入に向け緩和措置が相次ぎ設けられている状況は，平成元年４月１日に消費税が導入されてから平成３年10月１日改正消費税法施行までの時期と酷似しているように思われます。

第３回のテーマとして，平成元年４月１日からの消費税創設当時とインボイス方式導入直前の現在を比較しながら消費税制度及びそれに関連する事柄をとりあげたいと思います。

1 平成元年４月１日消費税の創設前後の状況

「内閣の１つや２つ潰れないと，新しい税制は実現できない」という言い回しがあるようですが，新しい税制であった「消費税」が導入されるまでに至る経緯も同じような経過をたどりました。

昭和53年12月26日に，政府は「一般消費税（仮称）」を昭和55年度から実施することを決定しましたが，翌年である昭和54年９月26日に大平正芳総理（当時）は遊説先で「一般消費税（仮称）」の撤回発言を行いました。

昭和62年２月４日（中曽根康弘総理（当時））に国会へ提出された「売上税法案」は，同年５月27日に廃案となっています。

その後，昭和63年７月29日（竹下登総理（当時））に国会へ提出された「消費税法案」が同年12月24日に可決・成立し（昭和63年法律107号），翌年である平成元年４月１日から施行され，現在に至っています。

２度の内閣での挫折を経て国会に提出された「消費税法案」は，納税者に受け入れられることを最優先として，異様ともいえるほど緩和された（制約が極端に緩い）制度になっていました。

具体的には，平成元年４月１日から施行された消費税は次頁図表【創設時】のように，「税率は３％（現在：10％）」・「事業者免税点は3,000万円（現在：1,000万円）」・「簡易課税制度の適用上限は５億円（現在：5,000万円）」・「限界控除制度の適用上限は6,000万円（現在は廃止）」などの仕組みで開始されました。

消費税の現行制度からは，考えられないようなハードルの低さです。例えば，創設時の事業者免税点は3,000万円であり，現在（1,000万円）の３倍に設定されていました。

また，簡易課税制度の適用上限５億円は，現在（5,000万円）の10倍の数値であり，みなし仕入れ率の業種区分は「卸売90％」と「それ以外80％」の２区分しかありませんでした（現在は６区分（90％から40％））。

なぜ，このように緩和された仕組みで消費税を導入せざるを得なかったのかといえば，２度の廃案（納税者からの拒否反応・反発等）という事実を教訓として，消費税の導入・定着を最優先に掲げ，一定期間は消費税の「本来の仕組み」にこだわらず，徐々に「本来の仕組み」に向かい改正を繰り返す方針を

【消費税制度改正の歩み】

【創設時】	【平成３年改正】	【平成６年秋の税制改革等】 （注）平成９年４月施行	【平成15年度改正】 （注）平成16年４月１日以後に開始する課税期間について適用
①税率：３％		→ ４％（消費税率換算１％相当の地方消費税を合わせると５％）	同　左
②免税点制度 適用上限3,000万円		資本金1,000万円以上の新設法人は不適用 ※設立当初の２年間に限る。	→ 1,000万円
③簡易課税制度 ○ 適用上限５億円	→ ４億円	→ ２億円	→ 5,000万円
○ みなし仕入率 90%，80%の2区分	→ 90%，80%，70% 60%の４区分	→ 90%，80%，70%，60%，50%，の５区分 （50%→不動産業，運輸・通信業，サービス業）	同　左
④限界控除制度 適用上限600万円	→ 5,000万円	→ 制度の廃止	
⑤仕入税額控除： 帳簿方式		→ 請求書等保存方式	同　左
⑥申告納付 中間納付と確定申告の年２回 （中間申告の基準年税額60万円超）	→ 中間申告納付回数を年３回に増加 （確定申告と合わせ年４回） 中間申告の基準年税額 （60万円超500万円以下　年１回 500万円超　年３回）	→ 中間申告の基準年税額の引下げ 中間申告の基準年税額 （48万円超400万円以下　年１回 400万円超　年３回）	→ 中間申告納付回数を年11回に増加 （確定申告と合わせ年12回） 中間申告の基準年税額 （48万円超400万円以下　年１回 400万円超4,800万円以下　年３回 4,800万円超　年11回）
⑦価格表示			→ 総額表示を義務付け （注）平成16年４月１日から適用

（内閣府資料）

選択した結果と思われます。

平成３年５月８日に可決・成立し，平成３年10月１日から施行された「最初の消費税の改正」では，納税者の不満や要望（消費税は「揺り籠から墓場まで課税する制度」などと揶揄されたりしました）を受け入れ，「助産サービス」や「住宅家賃」などを非課税範囲に加える改正を行いましたが，同時に，早くも「本来の仕組み」への移行に向け，簡易課税制度・限界控除制度の縮減も行っています。

つまり，最初の消費税の改正（平成３年10月１日施行）から納税者の要望等を受け入れるだけでなく，「本来の仕組み」にするための見直しもスタートしました（前頁図表【平成３年改正】欄を参照)。

消費税創設から30年以上経過した現在では，消費税を「本来の仕組み」にするために残った前頁図表での改正は，仕入税額控除を「インボイス方式」に見直すことといえます。

最後に残った仕入税額控除制度を「インボイス方式」に見直すことができれば，政府（財務省）が創設当初に目指していた「本来の仕組み」への移行に向けた総仕上げになるともいえます。

2 仕入税額控除について

課税事業者が納付すべき消費税額は，次頁のように売上げに係る消費税額から仕入れに係る消費税額を控除して計算します。

「仕入れに係る消費税額」が正しく把握されないと，「納付すべき消費税額」も適正なものにならず，「仕入税額控除」を正確に把握するための仕組みが重要になります。

インボイス方式を採用すれば，請求書等に消費税の税率（８％・10％）と消費税額が記載されるため，「仕入税額控除」を正確に把握することができるようになります。

納付すべき消費税額 ＝ 売上げに係る消費税額 － 仕入れに係る消費税額

平成元年４月１日創設当初からインボイス方式を導入すれば次頁表のような見直し経過は不要であったことになりますが，前述のように消費税に対する納税者の拒否反応等を緩和しつつ消費税の導入・定着を目指したことから，徐々に「本来の仕組み」に改正することに専念した結果が次頁表のような経過になったといえます。

創設時には，仕入れの事実を確認する方法としてハードルの低い事業者の帳簿のみの保存を要件とする「帳簿方式」でスタートし，９年経過後に客観性を高めるため帳簿だけでなく取引の相手方が発行した請求書等の保存も求める「請求書等保存方式」に見直し，複数税率の導入を端緒として軽減税率の対象品目を区分する「区分記載請求書等保存方式」に移行しました。

そして，令和５年10月１日からは，仕入税額控除の総仕上げともいえるインボイス方式（帳簿とインボイスの保存）が開始されることになりました。

しかし，令和５年10月１日から，完全にインボイス方式に移行するわけではありません。なるべく多くの事業者（特に免税事業者）にインボイス方式へ登録申請を要請する観点から，次の**4**のような各種の緩和措置が設けられており，筆者には平成元年４月１日から消費税が創設された当時の状況が再現されているように思えます。

平成元年 4月1日～	平成９年 4月1日～	令和元年 10月1日～	令和５年 10月1日～
帳簿方式	請求書等 保存方式	区分記載請求 書等保存方式	適格請求書等保存方式（インボイス方式）
次の①のみの保存が仕入税額控除の要件になります。 ①　仕入れの事実を記載した帳簿の保存	次の①と②の保存が仕入税額控除の要件になります。 ①　同左 ②　請求書等の証拠資料の保存	次の①と②の保存が仕入税額控除の要件になります。 ①　軽減税率の対象品目である旨を含む一定事項が記載された帳簿の保存 ②　軽減税率の対象である旨を含む一定事項が記載された請求書等の保存	次の①と②の保存が仕入税額控除の要件になります。 ①　同左 ②　適格請求書等（インボイス）の保存

3 消費税導入前後の「おおわらわ」の状況

昭和63年12月24日に税制改革関連６法案が成立し，翌平成元年４月１日から消費税が導入されましたが，その時期はいわゆる「リクルート事件」で宮澤喜一大蔵大臣（当時）が昭和63年12月に辞任したり，平成元年４月25日予算成立後に竹下登総理（当時）が退陣を表明するなど，自民党政権にとって不安定な時期でした。

そのような状況で，これまで経験のない消費税の導入に対し諸々の問題点が指摘されていましたが（「中小企業が消費税分の価格転嫁できるか」，「便乗値上げ」等），平成元年３月６日の新聞記事では，「消費税実施まで１か月周知に準備におおわらわ」と題し，国税庁に消費税説明会の講師派遣要望が殺到していることや，レジスター購入が急増していることなどが伝えられていました。

新税制である消費税の周知のため，国税庁で準備した配布資料等が次のように記述されていて，消費税導入直前の「おおわらわ」の様子が垣間見えます。

平成元年１月	◎ 関係民間団体等説明会（１月中旬～）	２万4,000回
	◎ 事業者向けパンフレット	520万部
	◎ 一般向けパンフレット	400万部
	◎ 詳細な事業者向けパンフレット	330万部
平成元年２月	◎ 事業者向けしおり	1,000万部　等

平成元年前後に，新税制である消費税の仕組みを理解してい

る税理士は皆無に近く，各税理士会において開催された税理士向けの「消費税の研修会」はどの会場も満席だったようです。

現在であれば，消費税の講師が務められる税理士は数多くいて「掃いて捨てるほど」といってもいい状態ですが（筆者もその１人ですが），平成元年前後に消費税の講師が務められる税理士は，山本守之先生と平川忠雄先生の２人だけだったという印象があります。

山本守之先生は，昭和60年頃から毎年夏頃に「ＥＣ型付加価値税」研究のため有志を募りヨーロッパ各国への視察を継続して行っていました。平川忠雄先生は，飛行機が苦手なためその視察には加わらず，独自のルートでや「消費税法案」関係の情報を入手していました。ほとんど情報がなかった時期でも，両先生はそれらの蓄積があったので，平成元年前後から消費税の講師を務めることができたものと思われます。

平成元年当時は，現在のようにオンデマンド研修はありませんので，平川忠雄先生は東京であれば１日に３回（午前・午後・夜）税理士向けの「消費税の研修会」を務めることもありました。山本守之先生も同様の状況だったものと推測されます。

そのような「おおわらわ」のなかで，結果的には導入に際し大きな混乱もなく円滑に消費税がスタートしたようです。

4 インボイス方式施行に伴う各種の緩和措置

令和５年10月１日以後に施行されるインボイス方式を推進・

定着させるため，次頁表の各種の経過措置等が設けられています。

次頁表の①は，インボイス方式施行後も免税事業者がインボイス発行事業者の登録申請を行わない場合（免税事業者に留まり続ける場合）における６年間の経過措置であり，経済的インセンティブと位置付けられていますが，６年経過後も免税事業者に留まり続けるのか否かを検討する必要があります。

次頁表②は，免税事業者のうち「インボイス発行事業者の登録をしなければ課税事業者にならなかった者」に限定して，事務負担や消費税分の急な価格転嫁が困難等の課題を段階的に解消するために設けられた激変緩和措置であり，３年間に限り売上げに係る消費税額の２割を納付すべき消費税額にできる特例です。

また，次頁表③は，買主である中小事業者（基準期間の課税売上高が１億円以下の事業者等）に限り，１万円未満（税込み）の少額取引に対しインボイスの保存がなくても帳簿のみの保存で仕入税額控除を認める特例です。

さらに，次頁表④は，買主が取引対価を振り込むときに振込手数料などを差し引いて支払った場合に，売主が少額（１万円未満（税込み））な値引き処理する際に，返還インボイスの交付を不要とする恒久的措置です。

次頁表①から④の措置のうち，④は６年経過後にも残る恒久措置ですが，①から③はインボイス方式施行から３年又は６年経過後には廃止される措置であるため，平成元年４月１日施行時の限界控除制度等と同じく激変緩和措置といえます。

項　目	令和５年10月１日から 令和11年９月30日まで	令和11年 10月１日以後
①　課税事業（買主）における免税事業者（売主）から仕入税額控除	R5/10/1　～　R8/9/30 （３年間） 80%控除可能 R8/10/1　～　R11/9/30 （３年間） 50%控除可能	全額控除できなくなる。
②　小規模事業者（売主）に対する２割特例	R5/10/1　～　R8/9/30 ３年間 納税額を売上税額の２割に軽減 R8/10/1　～　R11/9/30 （３年間） （※）　R8/10/1以後制度は廃止されますが簡易課税制度の選択は可能。	簡易課税制度の選択は可能。
③　中小事業者（買主）に対する事務負担の軽減措置	R5/10/1　～　R11/9/30　（６年間） 支払対価（税込み）１万円未満の取引は，インボイスの保存が不要 （※）　基準期間の課税売上高が１億円以下の事業者等	少額取引であってもインボイスの保存が必要になる。
④　全ての課税事業者は少額な返還インボイスの交付義務が免除	R5/10/1　～　R11/9/30　（６年間） 支払対価（税込み）１万円未満の取引は，返還インボイスの交付不要	少額取引は返還インボイスの交付不要が継続。

5 インボイス方式導入と免税事業者

消費税が10％に増税される際に政府から，軽減税率により税収が減少する分をインボイス導入による増収2,480億円で穴埋めするという説明がされていたようです（令和４年３月17日・参議院の予算委員会での質疑）。

つまり，インボイス方式の導入によってインボイス登録した免税事業者が課税事業者となって納める消費税の増収を2,480億円と試算していたようです。

免税事業者がインボイス方式の導入を契機として課税事業者を選択すれば，創設当初からの課題であった「消費税の益税」が部分的に解消されることになり「本来の仕組み」に近づきますが，免税事業者の立場にたてば納める必要のなかった「消費税の預り金」を税務署に納める必要が生じることから資金繰りが圧迫されることになります。

税理士は，免税事業者からインボイス方式の登録申請をすべきか否か相談を受けた場合において，どのようにアドバイスすべきか悩ましいところですが，免税事業者の業種（農家や個人タクシー事業者であったりフリーター・シルバー人材センターで働く方々など様々な範囲に及びます）・業歴等から個別に判断することになるものと思われます。

第4回
バブル景気と相続税の節税策

消費税が導入される直前の昭和61年末から約４年の期間をバブル景気といいますが，バブル景気による地価高騰やその後のバブル崩壊による地価下落などは，我が国の各種税目に多大な影響を与えました。

第４回のテーマとして，バブル景気とその崩壊に関連した相続税の節税策やそれに対応する規制措置などをとりあげたいと思います。

1 バブル景気とその崩壊

(1) バブル景気の期間

バブル景気とは，実需から乖離して土地・株式等の資産価値が高騰した後，急激に下落する有様を，中身のない泡が膨れて弾ける様子にたとえていわれましたが，バブル景気の期間は昭和61年（1986年）12月から平成３年（1991年）２月までの４年３か月（51か月）を指すというのが通説のようです。

(2) バブル景気の端緒

日本でのバブル景気の端緒は，昭和60年（1985年）９月のプラザ合意（ニューヨークのプラザホテルで開催されたことによります）です。

プラザ合意とは，ドル高で貿易赤字に陥っていたアメリカの提案により開催された，先進５か国（日米英独仏）の財務大臣と中央銀行総裁によるドル高是正のための合意をいい，その合意内容は「先進５か国が協力してドル引下げを目指す」ということでした。

日本では，プラザ合意の影響による円高不況を解消するため，日銀が低金利政策（公定歩合の引下げ）を実施したことから企業が容易に融資を受けられる環境が整い，その融資が設備投資だけでなく土地や株式等の購入資金にも充てられ，それらの需要の高まりによって地価・株価等が高騰し，これがバブル景気の端緒になりました。

(3) バブルの崩壊

バブル景気は長くは続かず，平成元年（1989年）12月29日・日経平均株価38,957円の史上最高値がバブル崩壊により平成２年（1990年）末には２万円台前半まで急落しました。

このバブル崩壊は，「総量規制（融資限度額の制限）」・「公定歩合の引上げ（2.5％から６％）」・「地価税の導入」の３つが要因だったようです。

2 バブル期の所得税・相続税の申告状況

毎年２月・３月の所得税の確定申告期は仕事量が増す時期で

すが，バブル期は例年を超えるような仕事量で申告作業が深夜にまで及び，連日のようにタクシーで帰宅していたと思います。当時の東京都内では，企業の接待相手用などのために「タクシー争奪戦」が起きていた時代でもありました。

(1) 買換えを伴う土地譲渡の申告が多数

内閣府の国民経済計算によれば，日本の土地資産はバブル後半の平成２年（1990年）末時点で昭和60年（1985年）末の2.4倍になり，土地は永遠に値上がりを続けるという「土地神話」が信じられていて，山手線内側の土地で米国の全ての土地が買えるなどといわれていました。

筆者の記憶では，バブル期の所得税の確定申告は，圧倒的に「土地の譲渡」に関連する依頼が多く，その大部分が譲渡所得税の納付を繰り延べるため「買換えによる課税の特例」の適用を受ける申告だったと思います。

所得税の申告の中でも，「土地の譲渡」の作業は添付書類が多く作成に手間のかかるものでしたが，あわせて「買換えによる課税の特例」の適用を受けることになるとさらに添付書類が増えます。また，土地が居住用と事業用に併用されていて，それぞれ「買換えによる課税の特例」の適用を受けるとなると，作業が一段と増すことになり通常の作業と比較して倍以上の手間がかかることもありました。

「土地の譲渡」を行い「買換えによる課税の特例」の適用を受けた依頼者の中には，その後のバブル崩壊で買換えた土地等の価額の暴落により繰り延べた譲渡所得税の納税ができなくなるケースも見受けられました。

(2) 相続税の物納が殺到

バブル崩壊後の相続税の申告では，相続税を現金で納付できないなどの事情により現金に換えて土地で納める物納手続も数多く依頼を受けました。

その背景には，バブル崩壊により土地の時価が暴落しても土地の相続税評価額がその暴落に追い付かず，土地の相続税評価額が暴落後の土地の時価を超えることもあり，現金納付より土地による物納の方が有利になるということもありました。

物納申請財産が収納されるまでの諸々の費用（境界標の設置や実測費用・維持管理費用等）は申請者（相続人）の負担になりますが，その負担額が高額になることもありました。

筆者が経験した東京隣接県の雑木林の物納（収納価額が５億円超）では，国税局の指示に従い行った「枝落とし」・「伐採」・「伐根」等の支出が想定を超え驚くほど高額になったことがありました。

申請者の物納に伴う諸費用について，物納申請財産に応じてどの程度の支出額になるか事前に検討しておくべきといえます。

3 バブル景気と相続税の節税策

(1)　相続税の節税策の仕組み

相続税では課税される財産の価額の評価方法が，次のように財産の種類（現金とマンション）によって相違することを利用する節税策があります。

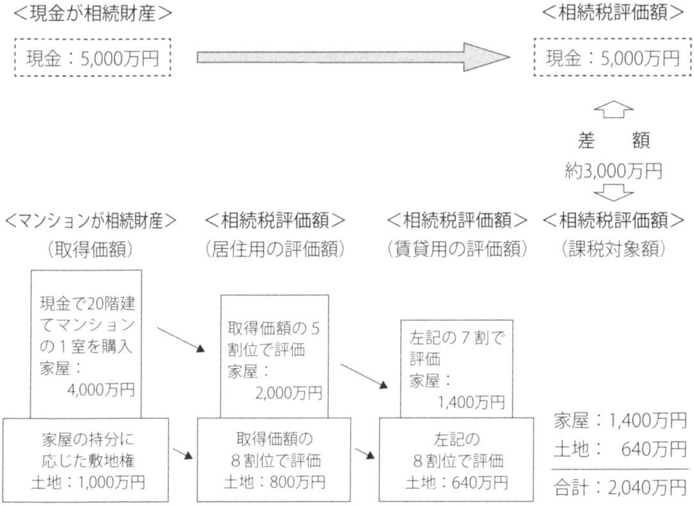

上記のように，現金5,000万円が相続財産であれば，相続税評価額も同額の5,000万円になります。

しかし，相続開始前に現金でマンションの1室を5,000万円で購入し，取得直後に相続が開始すると，そのマンションの相続税評価額（賃貸用の場合）は，上記のように約2,000万円に引き下げられ，相続税の負担が軽減されます（5,000万円－2,000万円＝3,000万円に対する相続税の税率）。

⑵　取得価額と相続税評価額の開差の利用

次の各裁判例は，バブル景気が華やかだった昭和62年（1987年）に相続が開始していますが，各裁判例ともにマンション等の取得による取得価額と相続税評価額との開差を利用した節税策の是非を問う争いです（上記⑴の「現金とマンション」を「マンション等の取得価額と相続税評価額」に置き換えた節税策です）。

マンション等は，相続開始直前に銀行借入金で取得されるとともに相続開始直後に譲渡され，銀行借入金は譲渡対価で返済しています。

裁判所の判示は，マンション等の時価は「評価通達（相続税評価額）によらないことが正当として是認されるような特別な事情」がある場合に該当するとして，総則６項の適用により節

事　件	相続 開始日	取得価額（①）	相続税評価額 （②）	評価差額 （①－②）
イ　東京地裁平成２年(行ウ)第184号	昭62. 7.16	昭62. 2.24 16億6,100万円（①） （昭63. 6.14 18億円で譲渡）	１億2,102万円 （②／① ≒7.2%）	15億 3,998万円
ロ　東京地裁平成２年(行ウ)第177号	昭62. 12.19	昭62.10 ７億5,850万円（①） （昭63. ４上旬他 ７億７千万円で譲渡）	１億3,170万円 （②／① ≒17.3%）	６億 2,680万円

税策が封じられました（マンションは相続税評価額ではなく取得価額によることとされました）。

(3)　総則6項の役割

課税実務上は，納税者間の公平・納税者の便宜・徴税費用の節減という見地から，相続税法が規定する相続税及び贈与税の対象となる財産評価の一般的規準が財産評価基本通達（以下「評価通達」とします）により定められ，そこに定められた画一的な評価方法により財産の評価をすることとされています（評基通１）。

しかし，評価通達第６項（以下「総則６項」とします）により，「この通達の定めによって評価することが著しく不適当と認められる財産の価額は，国税庁長官の指示を受けて評価する」ことができます。

具体的には，前記(2)のようなケースでは，路線価方式などによる評価通達の評価額が客観的時価を極端に下回り，評価通達による評価額が「著しく不適当と認められる財産の価額」となる場合などに適用されます。

4　相続税の節税策に対する規制措置

(1)　取得価額課税制度の創設

バブル景気による地価高騰により，評価通達に定められた方法による評価額と取引価額との間に生じる開差を利用して相続税の負担の軽減を図るという目的で行われる節税策が横行している状況に対応するための措置として，前記3(3)の総則６項以外に昭和62年度税制改正で「取得価額課税制度（旧措法69の４）」が創設され，昭和63年（1988年）12月から施行されました。

取得価額課税制度とは，相続財産のうちに，相続開始前３年以内に被相続人が取得をした不動産がある場合には，相続税の課税価格に算入すべき価額は，相続税法22条の規定にかかわらず（評価通達による評価は認められず），不動産の取得価額とするというものでした。

(2)　取得価額課税制度の廃止

前記(1)による制度創設後のバブル崩壊による地価の大幅な下落などにより，相続開始時における不動産の実勢価額が取得価額を下回り，取得価額課税制度を適用すると相続により取得した不動産の価値以上の相続税を負担する不合理な事態も生じたことなどから，平成８年度税制改正により同制度が廃止されました。

(3)　総則６項は適用される

上記(2)のように取得価額課税制度は廃止されましたので，現在では相続開始前３年以内に被相続人が取得した不動産があったとしても，原則として，評価通達により評価されますが，現在でも評価通達で定める方法により評価すると「著しく不適当と認められる特別の事情」が存在すれば，国税庁長官の指示を受けて特別な評価を行うことが認められることになっています。

つまり，取得価額課税制度が廃止された平成８年（1996年）以後も，評価通達で定める方法により評価すると「著しく不適当と認められる特別の事情」が存在すれば，総則６項が適用されることになっています。

5 平成29年度税制改正による規制措置

(1) 家屋（タワーマンション）の固定資産税における評価方法の課題

バブル崩壊から10年も経過しない平成９年（1997年）に建築基準法が改正され，容積率算出方法の見直しや日影規制が緩和されたことなどにより，次々とタワーマンションが建築されるようになりました。

タワーマンションである家屋の固定資産税は，高層階・中層階・低層階のいずれの住戸であっても，各区分所有者の有する専有部分の床面積が同じであれば，納付すべき固定資産税も同額となっていました。

しかし，タワーマンションの場合には，床面積が同じであっても，眺望等が反映され高層階であれば低層階と比較して販売価格が高額になっているため，各区分所有者の固定資産税の負担の見直しが求められていました。

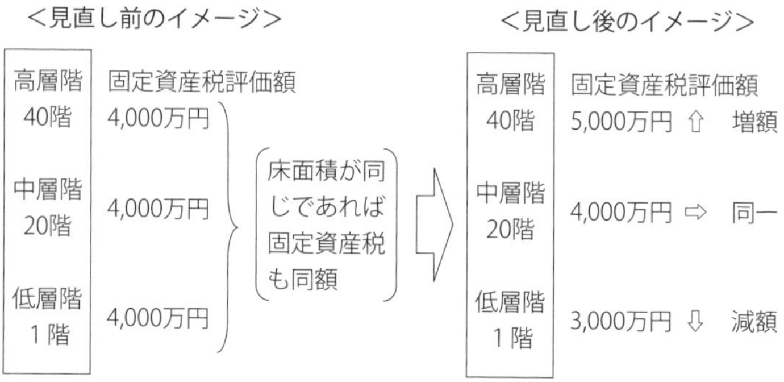

(2) 家屋（タワーマンション）の固定資産税の見直し

平成29年度税制改正では，高さが60mを超える「居住用超高層建築物（タワーマンション）」については，前記(1)の<見直し後のイメージ>のように住戸の所在する階層の差違による床面積当たりの取引単価の変化の傾向を反映される「階層別専有床面積補正率による補正」が行われることになりました（地法352）。

6 マンションの相続税評価について

(1) 令和５年度税制改正大綱（与党）の検討項目

「総則６項」や「家屋の固定資産税の評価方法の補正」による規制措置が設けられましたが，マンションについては依然として「相続税評価額」と「市場売買価格（時価）」とが大きく乖離しているケースが把握されていて，このような乖離があると相続税の申告後に国税当局から路線価等に基づく相続税評価額ではなく鑑定価格等による時価で評価し直して課税処分されるというケースが発生しています。

そのため，与党の令和５年度税制改正大綱（21頁）では，令和４年４月19日最高裁判決に係る事例を引用して，マンションについては市場での売買価格と評価通達に基づく相続税評価額とが大きく乖離しているケースが見られ，現状を放置すればマンションの相続税評価額が個別に判断されることもあり，納税者の予見可能性を確保する必要があるとして，相続税におけるマンションの評価方法については相続税法の時価主義の下，市場価格との乖離の実態を踏まえ適正化を検討することが記載されていました。

市場価格と相続税評価額の乖離の事例
（令和４年４月19日最高裁判決に係る事例）

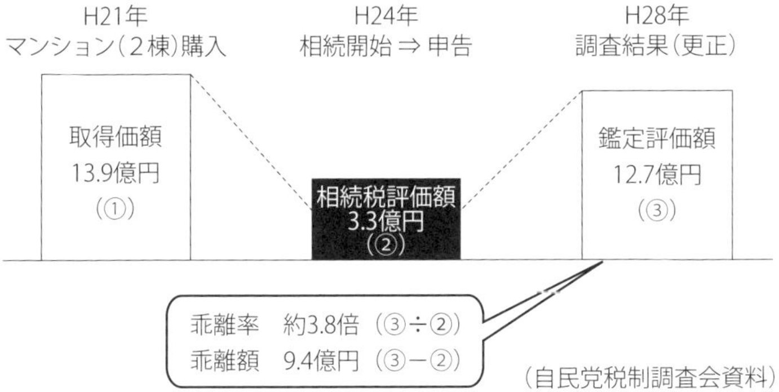

（自民党税制調査会資料）

⑵　通達改正の検討

バブル期の節税策と類似した争いであった令和４年４月19日最高裁判決（国側勝訴）以降，マンションの評価額の乖離に対する批判の高まりや，取引の手控えによる市場への影響を懸念する向きも見られ，課税の公平を図りつつ納税者の予見可能性を確保する観点からも通達改正を検討していくこととされ，第１回「マンションに係る財産評価基本通達に関する有識者会議」が令和５年１月30日に開催されています。

その会議では，直近10年間における総則６項の適用件数は９件（H24～R３）と報告されたようですが，第２回以降の今後開催される会議の動向を見守っていく必要があります。

なお，第８回では，上記の会議などを経て「居住用の区分所有財産の評価」が新設されることを紹介しています。

第5回
2つの大震災と
震災税制の常設化

近年は災害が頻発し，令和５年５月には石川県能登地方や千葉県南部で地震が発生したり，梅雨前線による大雨や台風２号による被害が報告されています。

第５回のテーマとして，未だ記憶が褪せることのない，阪神・淡路大震災や東日本大震災に関連する震災税制をとりあげたいと思います。

1 震災税制のあらまし

(1) 雑損控除と災害減免法の選択

第２次世界大戦後において，災害被害者を救済する税の制度は，旧来の災害減免法を発展させた昭和22年の災害減免法や昭和25年の所得税改正時に新設された雑損控除の２つが大きな柱となり，被災者は次頁表の雑損控除と災害減免法のうち有利な制度を申請することができることになっています。

(2) 震災特例法の制定

平成に入り数千年に一度という規模の大震災が起きました。

平成７年の阪神・淡路大震災と平成23年の東日本大震災に

ついては，前述の基本的な２つの法令に加え震災特例法が制定されました。

震災特例法では，雑損控除や災害減免法の適用範囲を拡大す

<table>
<tr><th></th><th>① 所得税法（雑損控除）</th><th>② 災害減免法</th></tr>
<tr><td>損失の
発生原因</td><td>災害，盗難，横領による損失</td><td>災害による損失</td></tr>
<tr><td>対象となる
資産の範囲等</td><td>住宅や家財を含む生活に通常必要な資産（※１）</td><td>住宅又は家財の損失額（※２）が，その価額の２分の１以上である場合</td></tr>
<tr><td>控除額の計算
又は
所得税及び復興特別所得税の軽減額</td><td>控除額は次の①と②のうち，いずれか多い方の金額です。
① 損失額（※2） － 所得金額の10分の1
② 損失額（※2）のうちの災害関連支出の金額 － 5万円
注：「災害関連支出の金額」とは，災害により滅失した住宅や家財などの取り壊し，除去，原状回復費用など災害に関連して支出したやむを得ない費用をいいます。</td><td>軽減額等は次のとおりです。<table><tr><th>その年分の所得金額</th><th>所得税及び復興特別所得税の軽減額</th></tr><tr><td>500万円以下</td><td>全額免除</td></tr><tr><td>500万円超　750万円以下</td><td>2分の1の軽減</td></tr><tr><td>750万円超 1,000万円以下</td><td>4分の1の軽減</td></tr></table></td></tr>
<tr><td>参考事項</td><td>●その年の所得金額から控除しきれない金額がある場合には，翌年以後３年間（※３）に繰り越して，各年分の所得金額から控除することができます。
●災害関連支出の金額に係る領収証は，申告書に添付するか，申告書を提出する際に提示する必要があります。
●災害関連支出のうち，❶災害により生じた土砂などを除去するための支出，❷住宅や家財などの原状回復のための支出（資産が受けた損害部分を除きます。），❸住宅や家財などの損壊・価値の減少を防止するための支出については，災害のやんだ日から１年（やむを得ない事情がある場合には３年）（※４）以内に支出したものが対象となります。</td><td>●原則として損害を受けた年分の所得金額が，1,000万円以下の方に限ります。
●減免を受けた年の翌年分以降は，減免は受けられません。</td></tr>
</table>

※１棚卸資産や事業用の固定資産，山林，生活に通常必要でない資産は，雑損控除の対象にはなりません。なお，生活に通常必要でない資産とは，別荘や競走馬，1個又は1組の価額が30万円を超える貴金属，書画，骨とう等をいいます。

※２資産に生じた損害金額から保険金や損害賠償金などによって補てんされる金額を控除した金額をいいます。

※３東日本大震災により住宅や家財などについて生じた損失について，その年分の所得金額から控除しきれない金額がある場合には，翌年以後5年間になります。

※４東日本大震災に関連する❶から❸までの支出について，東日本大震災からの復興のための事業の状況その他やむを得ない事情により，災害のやんだ日から3年以内にその支出を行うことができなかった場合には，その事情がやんだ日から3年以内に支出したものも対象とみなされます。

（国税庁資料）

るような規定などが定められましたが，その他に「東日本大震災からの復興のための施策を実施するために必要な財源の確保に関する特別措置法」や「東日本大震災復興特別区域法」などの法律により，復興のための財源の確保や復興に対する事業に対して課税の特例が設けられました。

災害に対する税の制度は，所得税の減免・還付を中核にした個人の救済を中心にしつつ，地域の復興に関わる税を優遇し復興を促進する側面を加え，より総合的な方向に進んでいます。

2 阪神・淡路大震災と東日本大震災の地震と津波について

阪神・淡路大震災は明け方に発生した地震による大規模火災が被害の特徴であり，東日本大震災は昼過ぎに発生した地震・津波・原発による甚大な被害が特徴といえますが，ここでは地震と津波について述べたいと思います。

(1) 地震について

阪神・淡路大震災と東日本大震災について，マグニチュード・地震型・被災地などを比較した資料が内閣府により一覧表にまとめられていますが，驚かされるのはマグニチュードと地震のエネルギーの違いです。

マグニチュードとは，地震そのものの規模を表す物差しをいい，マグニチュードが１増えると地震のエネルギーが32倍になり，２増えると1000倍になるそうです。

阪神・淡路大震災のマグニチュードは「7.3」，東日本大震災のマグニチュードは「9.0」でマグニチュードの差は「1.7（9.0－7.3）」ですが，エネルギーの違いを計算すると，東日本大震災は阪神・淡路大震災の「355倍」と桁違いの差があったようです。

つまり，東日本大震災は阪神・淡路大震災355個分の大きさだったことになります。

【阪神・淡路大震災と東日本大震災の比較】

	阪神・淡路大震災	東日本大震災
発生日時	平成７年１月17日　5：46	平成23年３月11日　14：46
マグニチュード	7.3	9.0
地震型	直下型	海溝型
被災地	都市部中心	農林水産地域中心
震度６弱以上県数	１県（兵庫）	７県（宮城，福島，茨城，栃木，岩手，群馬，千葉）
津波	数10cmの津波の報告あり，被害なし。	各地で大津波を観測（最大波 相馬9.3m，宮古8.5m，大船渡8.0m以上）。
被害の特徴	建築物の倒壊。長田区を中心に大規模火災が発生。	大津波により，沿岸部で甚大な被害が発生。多数の地区が壊滅。
死者 行方不明者	死者　6,434名 行方不明者　３名 （平成18年５月19日現在）	死者　15,270名 行方不明者　8,499名 （平成23年５月30日現在）

住家被害 （全壊）	104,906	102,923 （平成23年５月26日現在）
災害減免法の適用	25市町（２府県）	241市区町村（10都県） （※）長野県北部を震源とする地震で適用された４市町村（２県）を含む。

（内閣府資料を一部修正）

(2) 津波について

東日本大震災では東日本各地で大津波が観測されましたが，吉村昭著「三陸海岸大津波（文春文庫版）（以下「本書」とします）」では，津波の恐ろしさを表現する記述があるので引用します。

> ＜本書67頁＞
> 津波という言葉は，新造語である。津とは港のことであって，港をおそう高波という意である。たしかに沖合では津波の被害を受けることはなく，津波は陸地をおそうものなのである。
> 明治29年の津波来襲時は，津波の代わりに「海嘯」という言葉がつかわれ，カイショウ又はツナミと呼ばれている。嘯（うそぶく）という言葉が使用されているのは，津波の押し寄せる折の海の轟きを表現しようとしたものなのだ。

「嘯（うそぶく）」という言葉は，津波を経験した地元民から自然発生的に生まれた言葉のように思われます。

三陸沿岸を襲った津波のうち，直近のものだけを掲げても次の①から③のようになります。

① 明治29年６月15日大津波が発生（死者 26,360名）

② 昭和８年３月３日午前２時32分14秒，地震後に大津波

が発生（死者 2,995名）

③　昭和35年５月23日午前４時10分頃，チリ地震後に大津波が発生（死者 105名）

本書60頁から62頁には，上記①から③より前にも三陸沿岸に18回の津波があったことが記述されていすが，記録された津波のうち最初は，貞観11年５月26日（西暦869年７月13日）大地震によって死者多数を出し家屋の倒壊も甚だしく，同時に津波が来襲し死者千余人に及んだようです（「三代実録」より）。その後，明治27年３月22日午後８時20分頃，岩手県沿岸の小津波まで18回の津波が襲ったことが記述されています。

3 阪神・淡路大震災への税制上の対応

(1)　震災特例法による減免措置の制定

阪神・淡路大震災への税制上の対応は，行政先例である「昭和39年の新潟地震に関する通達」等が参考とされ，平成７月２月20日に「阪神・淡路大震災の被災者等に係る国税関係法律の臨時特例に関する法律」（以下「震災特例法（阪神・淡路)」といいます）が制定されました。

通常の災害による税負担の減免措置は，原則として，被災した年以後の所得を減少させ翌年以後の税負担が減少することから，原則に従えば，平成７年１月に阪神・淡路大震災による被害を受けたのであれば，平成７年２月や３月に納める所得税であったり，平成７年６月から平成８年５月に納める住民税負担は減少しないことになります。

そのため，平成７年２月20日に制定した震災特例法（阪神・淡路）では，前年分（平成６年分）の所得から差し引くことで，平成７年２月や３月に納める所得税であったり，平成７年６月から平成８年５月に納める住民税負担が減少するように措置されました。

また，震災特例法（阪神・淡路）では，所得税だけでなく法人税・相続税・贈与税などにおいても様々な特例措置が設けられました。

⑵ 「阪神大震災と税務 震災税制の解明」の発刊

阪神・淡路大震災の発生日は平成７年１月17日でしたが，約２月後の平成７年３月30日に「阪神大震災と税務 震災税制の解明」（以下「本書籍」とします）が税務経理協会から発刊されています。

本書籍の目次の構成・執筆者は，次のようになっていますが，構成内容や執筆者を眺めると，震災直後に平川忠雄先生の事務所で，山田淳一郎先生や税務経理協会担当者の方々と執筆打ち合わせを行ったことが思い起こされます（筆者も末席で参加しました）。

本書籍は，所得税の確定申告で多忙な時期にもかかわらず，平川忠雄先生が中心となり，渡辺淑夫・宮口定雄・山田淳一郎の各先生にご協力をいただくとともに，各執筆者の参加を得ることにより短期間で発刊することができました。

第１　座談会　阪神大震災被災者の税務救済･･･現場から徹底検証する
………………平川忠雄・宮口定雄・大江晋也・山田淳一郎・
大野木孝之・吉田修平
第２　よくわかるベーシックな災害税務救済Ｑ＆Ａ…………平川忠雄
第３　よくわかる特例法Ｑ＆Ａ…………………………………宮口定雄
第４　よくわかる震災税務・法人税Ｑ＆Ａ………大江晋也・中島孝一
第５　鼎談会　災害関連費用の疑問点の解明
………………………………渡辺淑夫・宮口定雄・平川忠雄
第６　よくわかる土地譲渡Ｑ＆Ａ……………………………大野木孝之
第７　よくわかる震災税務相続・贈与税Ｑ＆Ａ……………布施麻記子
第８　よくわかる借地借家関係Ｑ＆Ａ…………………………吉田修平

４ 東日本大震災への税制上の対応

平成23年５月２日に東日本大震災への税制上の対応（第一弾）として「東日本大震災の被災者等に係る国税関係の臨時特例に関する法律」（以下「震災特例法（東日本）」とします）が制定されましたが，震災特例法（東日本）の参考資料には「阪神・淡路大震災時にはなかったもの」・「阪神・淡路大震災時の対応を拡充したもの」の表示があり，前述の震災特例法（阪神・淡路）を先例としていることが分かります。

震災特例法（東日本）は，東日本大震災による被害が未曾有のものであることに鑑み，現行税制をそのまま適用することが被災納税者の実態等に照らして適当でないと考えられるもの等について，緊急の対応として次頁・次々頁表のような措置が講じられました。

【東日本大震災における税制上の対応（阪神・淡路大震災時の対応との比較）】

拡	雑損控除の特例及び災害減免法による所得税の減免措置の前年分適用の特例	大震災による住宅・家財等の損失について，①雑損控除又は災害減免法による所得税の減免措置について22年分所得での適用を認めるとともに，②雑損失の繰越控除期間を５年とする（現行３年）
拡	被災事業用資産の損失の特例	大震災による事業用資産の損失について，①22年分の事業所得の必要経費に算入できるとともに，②純損失の繰越控除期間を５年（現行３年）等とする
	住宅ローン減税の適用の特例	適用住宅が大震災により滅失等した場合においても，平成24年分以降の残存期間の継続適用を認める
新	大震災関連寄附に係る寄附金控除の拡充	平成23年，24年，25年分の所得税において，大震災関連寄附について，①寄附金控除の控除可能限度枠を総所得金額の80％（現行40％）に拡大するとともに，②認定ＮＰＯ法人等が，被災者の救援活動等のために募集する寄附について，指定寄附金として指定した上で，税額控除制度（税額控除率40％，所得税額の25％を限度）を導入する（所得控除との選択）
拡	震災損失の繰戻しによる法人税額の還付	法人の欠損金額のうち大震災による損失金額の全額について，２年間まで遡って繰戻しによる法人税額の還付を認める
拡	被災代替資産等の特別償却	平成28年３月31日までの間に，①大震災により被災した資産（建物，構築物，機械装置，船舶，航空機，車両）の代替として取得する資産，②被災区域内において取得する資産について特別償却（平成26年３月31日以前に取得：建物等15％（中小事業者18％），機械装置・船舶等30％（同36％）。26年４月以降に取得：それぞれ上記の2/3の率）を認める
	特定の資産の買換えの場合の課税の特例	平成28年３月31日までの間に，被災区域内の土地等を譲渡し，国内にある土地，建物その他の減価償却資産を取得する場合等において，その譲渡益の課税の繰延べ（100％の圧縮記帳）を認める

	指定地域内の土地等の評価に係る基準時の特例，申告期限の延長	大震災前に取得した財産に係る相続税・贈与税で，大震災後に申告期限が到来するものについて，指定地域内の土地等及び一定の非上場株式等の価額を大震災後を基準とした評価額とすること等を認める
新	住宅取得等資金の贈与税の特例措置に係る居住要件の免除等	住宅取得等資金の贈与税の特例措置の適用を受けようとしていた住宅が，大震災により滅失して居住できなくなった場合には，その住宅への居住要件を免除等する（※特例措置は平成15年度及び21年度の改正で措置）
拡	被災した建物の建替え等に係る登録免許税の免税	平成33年３月31日までの間に，大震災により滅失・損壊した建物に代えて新築又は取得する建物及びその敷地の用に供する土地に係る所有権の保存登記等に対する登録免許税を免税とする
新	被災した船舶・航空機の再建造等に係る登録免許税の免税	平成33年３月31日までの間に，大震災により滅失・損壊した船舶・航空機に代えて建造又は取得する船舶・航空機に係る所有権の保存登記等に対する登録免許税を免税とする
新	建設工事の請負に関する契約書等の印紙税の非課税	大震災により滅失等した建物の代替建物を新築等する場合等において，平成33年３月31日までの間に，被災者が作成する建設工事の請負契約書等に係る印紙税を非課税とする
新	被災自動車に係る自動車重量税の特例還付	被災自動車について，平成25年３月31日までの間，車検残存期間に相当する納付済み自動車重量税を還付する
新	被災者の買換え車両に係る自動車重量税の免税	被災自動車の使用者が新たに取得した自動車について，平成26年４月30日までの間，新規車検等の際の自動車重量税を免除する
新	揮発油税等のトリガー条項の一時凍結	揮発油税等の「当分の間」税率の課税を停止する措置について，別に法律で定める日までの間，その適用を停止する（※トリガー条項は平成22年度改正で措置）

（注）　阪神・淡路大震災時になかった対応は「新」，拡充したものは「拡」と記している。

（出所）　財務省資料より作成

（立法と調査 2011. 7 No.318（参議院事務局企画調整室編集・発行））

5 筆者が体験した東日本大震災の風景

(1) 震災直後の風景

東日本大震災が発生した日の午後２時46分，筆者は東京の地下鉄・岩本町駅に直結するビルの地下２階にある研修会場で研修（開始は午後２時30分）の講師（テーマは「不動産管理会社における消費税の基礎知識」でした）を務めていました。

参加者約40名は，筆者の所属する税理士法人が顧問をしている不動産関係会社の関連企業の従業員で，参加者全員が地方から東京出張の最終行事として研修会に参加していて，研修終了後にそれぞれの地方へ戻る予定でした（震災により戻れなくなりましたが）。

研修開始から約15分後に会場周辺が揺れ始め，詳細は不明でも時の経過に従い，ただならぬ気配が漂っていたことを覚えています。

当然，研修は中止になり交通機関はストップしたので，筆者は岩本町の研修会場から税理士法人が所在する外神田まで徒歩で戻りましたが，途中の秋葉原駅付近での大きな余震により立ち止まると，人ごみの中にヘルメットを被っている会社員風の集団を見つけました。「万一に備えヘルメットを準備していた会社があるのか」と思ったことが印象として残っています。

(2) 震災後の食料調達の風景

税理士事務所での毎年３月11日は，所得税の確定申告作業が終盤ということもあり，筆者の税理士法人でも連日残業が続き遅くまで確定申告作業を行う時期ですが，筆者が事務所へ戻った時は地震により作業が中断され，棚などから落ちた書類の整理などを行っていました。

テレビには，東京湾が炎上している様子が映し出されていて，なぜ東京湾が火災になったのか分からず呆然と眺めていました。

そのような状況で，税理士法人の代表社員である平川忠雄先生が，持ち帰り用の牛丼を50個くらい買ってくるように新人数名に命じていました。

地震発生から数時間後には，飲食店・コンビニその他で食料品は皆無になり，夕食の調達が困難になる状況のなかで，いち早く牛丼の買い出しが行われていたため，我々税理士法人のメンバーは当日の夕食に牛丼を食べることができました。

(3) 帰路の風景

夕食の後は，税理士法人の建物に泊まるか，徒歩で自宅まで帰るのかという選択です。

筆者の自宅は徒歩で帰れる距離（6キロ弱）と判断し，外神田・上野経由で北千住まで徒歩で帰ることにしました。

帰路である昭和通りや日光街道は，歩道だけでなく車道にまで帰宅者が溢れるような状態で初詣のような混雑状況でした。特に橋の手前が大渋滞で，隅田川に架かる千住大橋を渡るために随分時間がかかりました。

千住大橋を渡りきると，筆者は帰路である日光街道の旧道に入り帰宅者が激減して一息つけましたが，日光街道には千住の先である草加・越谷方面へ向かう帰宅者たちの途切れることのない縦列が続いていました。

6 震災税制の常設化

平成29年度税制改正では，２つの大震災やその他の災害が頻発していることを踏まえ，災害減免法等の規定に加え，例えば災害によって住宅に居住することができなくなった場合に住宅ローン控除制度を継続適用できる特例など，これまで災害ごとに特別立法で手当てしてきた対応が常設化され，次のように災害対応の税制基盤の整備が行われました。

全ての災害に適用

- 住宅ローン減税の適用の特例
- 財形住宅・年金貯蓄の非課税措置の特例
- 災害損失の繰戻しによる法人税額の還付
- 仮決算の中間申告による所得税額の還付
- 住宅取得等資金の贈与税の特例措置に係る居住要件の免除等
- 山林に係る相続税の納税猶予等の規模拡大要件の緩和
- 法人税・消費税の中間申告書の提出不要
- 被災酒類に係る酒税相当額の還付方法の簡素化

災害を指定して適用

① 被災者の生活再建に資する措置

→「被災者生活再建支援法」の対象となる災害に適用

- 住宅の再取得等に係る住宅ローン減税の特例
- 被災した建物の建替え等に係る登録免許税の免税
- 被災者が取得した住宅取得等資金に係る贈与税の特例
- 建築工事の請負に関する契約書等の印紙税の非課税
- 被災自動車に係る自動車重量税の特例還付

② 事業者の再建等に資する措置

→「特定非常災害特別措置法」の対象となる災害に適用

- 買換え特例に係る買換え資産の取得期間等の延長
- 被災代替資産等の特別償却
- 特定地域内の土地等の評価に係る相続税・贈与税の基準時の特例等
- 消費税の課税事業者選択届出書の提出等に係る特例

③ 他法令の仕組みを前提としている措置

- 被災市街地復興土地区画整理事業等に係る土地等の譲渡所得の課税の特例
  (被災市街地復興特別措置法)
- 事業承継税制(相続税・贈与税)における事業継続要件等の緩和
  (一部の要件について中小企業信用保険法が前提。
  その他の要件について,全ての災害に適用。)
- 公的貸付機関等・金融機関が行う特別貸付に係る消費税貸借に関する契約書の印紙税の非課税(激甚災害法)

(財務省資料)

第6回 法人税における組織再編税制などの創設

平成13年度税制改正で創設された組織再編税制から，法人税実務における基本的な考え方が様変わりした印象を持っています。

例えば，「合併」と「分割」は真逆のものと思っていたことが，組織再編税制の創設により同じものと定義されたり（一方の法人の資産等が他方の法人に移転するという観点から同一），課税の繰延べとは「譲渡益の繰延べ」のみを指すとの理解が，組織再編税制では譲渡益だけでなく譲渡損も繰り延べる「譲渡損益の繰延べ」という考え方に整理されました。

第6回のテーマとして，法人税の大改正ともいえる組織再編税制の創設とさらに翌年創設された連結納税制度などをとりあげたいと思います。

なお，組織再編税制の立法趣旨等は，政府税制調査会の「会社分割・合併等の企業組織再編成に係る税制の基本的考え方」（平成12年10月3日）を参照いただくのも一考です。

1 創設された組織再編税制のあらまし

平成13年度税制改正前は，営業譲渡により企業買収を行うと資産は時価取引され譲渡益課税が行われましたが，合併により企業買収を行えば譲渡益が繰り延べられる仕組みになっていました。

そのため，平成13年度税制改正では経済界からの要望などを受けて，組織再編成の全般を通じて整合性のある取扱いとなるように，組織再編成に係る税制を統一的，かつ，体系的に整備することになりました。

財務省の「組織再編税制に関する資料」によれば，組織再編成（合併・分割・現物出資・現物分配）の前後で経済実態に実質的な変更がないと考えられる「適格組織再編成」に該当する場合には，合併等の組織再編成における移転資産等の譲渡損益と，株主の株式の譲渡損益の計上が繰延べされることになり，その考え方について下記(1)・(2)のように解説されています。

(1)　組織再編成の当事者である法人に対する課税の取扱い（「支配の継続」で判定）

資産が移転する際にはその移転資産の譲渡損益に課税するのが原則であり，組織再編成についても同様に取り扱われます。

ただし，組織再編成により資産を移転する前後で経済実態に実質的な変更がなく，「移転資産に対する支配が再編成後も継続」と認められる場合は移転資産の譲渡損益の計上を繰り延べるとの考え方に基づき，次頁表の組織再編成で対価として合併法人等の株式のみの交付をする場合には，適格組織再編成に該当するものとして譲渡損益が繰り延べられることになりました。

なお，平成13年度税制改正当時の適格組織再編成とは，下表の「企業グループ内の組織再編成」と「共同事業を行うための組織再編成」を指しましたが，平成29年度税制改正により「スピンオフ税制」も追加されました。

	適格要件
企業グループ内の組織再編成	○　100%関係の法人間で行う組織再編成 ・100%関係の継続 ○　50%超関係の法人間で行う組織再編成 ①　50%超関係の継続 ②　主要な資産・負債の移転 ③　移転事業従業者の概ね80%が移転先業務に従事（株式交換等・株式移転の場合は完全子法人の従業者の継続従事） ④　移転事業の継続（株式交換等・株式移転の場合は完全子法人の事業の継続）
共同事業を行うための組織再編成	①　事業の関連性があること ②　(イ)　事業規模（売上，従業員，資本金等）が概ね５倍以内又は (ロ)　特定役員への就任（株式交換・株式移転の場合は完全子法人の特定役員の継続） ③　左の②〜④ ④　支配株主（分社型分割・現物出資の場合は分割法人・現物出資法人）による対価株式の継続保有 ⑤　関係の継続（株式交換・株式移転のみ）
独立して事業を行うための分割・株式分配（スピンオフ）	①　他の者による支配関係がないことの継続 ②　特定役員への就任（株式分配の場合は完全子法人の特定役員の継続） ③　主要な資産・負債の移転 ④　移転事業従業者の概ね80%が移転先業務に従事（株式分配の場合は完全子法人の従業者の継続従事） ⑤　移転事業の継続（株式分配の場合は完全子法人の事業の継続）

（財務省資料）

⑵　株主に対する課税の取扱い（「投資の継続」で判定）

被合併法人の株主において，合併により合併法人の株式等以外の資産（金銭等）が交付された場合には，投資が精算されたと判断され旧株の時価による譲渡を行ったものとして譲渡損益の計上が行われます。

しかし，合併法人の株式等以外の資産が交付されなかった場合には投資の継続性があると判断され，旧株の帳簿価格による譲渡を行ったものとして譲渡損益の計上が繰り延べられることになりました。

「投資の継続性」の判断基準は，組織再編成の対価が対象法人の株式等であるか否かによることになり，金銭等を交付しない合併が行われた場合には，たとえ非適格組織再編成に該当したとしても株主の投資は清算されておらず，投資は継続していることになります。

⑶　繰越欠損金の引継ぎ制限

前記⑴により適格組織再編成に該当すれば移転資産の譲渡損益に対する課税は繰り延べられますが，繰越欠損金の引継ぎについては別途，租税回避を防止する観点から次頁①の制限が設けられるとともに，租税回避の意図がないと認められる場合には次頁②のように制限を緩和する措置もあわせて設けられるという複雑な仕組みになりました。

①　繰越欠損金額の引継ぎに係る制限

適格合併等の場合には，被合併法人等の繰越欠損金を引継ぐことに伴い，繰越欠損金（あるいは含み損）が租税回避に利用されることのないように，その防止規定が設けられました。

防止規定とは，一定期間（５年以内）に資本関係を有することになった法人間で組織再編成が行われた場合に，その繰越欠損金について引継ぎ制限を行うものです。

「企業グループ内の組織再編成」は，「共同で事業を行うための組織再編成」に比べて適格組織再編成に該当するための要件が緩和されていることから，繰越欠損金を有するグループ外の法人を一旦グループ内に取り込んだ上で，グループ内の他の法人と組織再編成を行うとすれば，容易に繰越欠損金を利用することも可能になってしまうことなどが勘案されたものです。

②　繰越欠損金額の引継ぎ制限から除外する特例

上記①の引継ぎ制限になったとしても，被合併法人等の特定資本関係事業年度の前事業年度終了時における時価純資産超過額（含み益）が繰越欠損金を超過していれば，引継ぎ制限から除外する特例もあわせて設けられました。

この特例は，被合併法人等の時価純資産超過額（含み益）が繰越欠損金を超過していれば，移転資産の引継ぎを受けた合併法人等において被合併法人等の繰越欠損金を実質的に利用することができなくなることによります。

なお，時価純資産超過額（含み益）とは，時価純資産額が簿価純資産額を超える場合におけるその超える部分の金額をいいます。

2 組織再編税制の創設による法人税実務の戸惑い

税理士事務所の勤務税理士や職員は，法人の顧問先を決算期に応じて10社ないし20社程度担当していて，毎月のように担当法人の決算処理・税務申告を行うことが一般的な業務になっています。

平成13年度税制改正により創設された組織再編税制における移転資産に対する課税繰延べ措置その他の取扱いは，法人税法の本法に規定されているものであることから，租税特別措置法のように限定期間だけ適用されるものではなく恒久的措置として認識する必要がありました。

また，改正による次の(1)から(3)の考え方の相違は法人税実務にも大きく影響することになり，その相違内容を理解しなければ，法人税実務に支障をきたしかねないものでした。

特に，前述の「繰越欠損金額の引継ぎに係る制限」その他に関する法人税法57条の規定は難解なものとなり，その見直し内容を理解するためには相当程度の時間を要するものでした。

(1) 合併と分割の定義規定の見直し

組織再編税制創設前は，「合併」とは２つの法人のうち一方の法人が消滅して他方の法人が存続するものと定義されていました（下表左欄参照)。「分割」の定義規定はありませんでしたが，「合併」とは逆に１つの法人が２つの法人に分かれるものと想定されていました。

しかし，組織再編税制創設後は，「合併」も「分割」も一方の法人の資産等が他方の法人に移転するということで同一のものと定義されました（下表右欄参照)。

ただし，「合併」は一方の法人の資産等の全てが移転するのに対し，「分割」は一方の法人の資産等の一部が移転するとい

平成13年度改正前の定義規定	平成13年度改正後の定義規定
[合併] ・合併法人 合併後存続する法人又は合併により設立された法人をいう（法法２十一)。 ・被合併法人 合併により消滅した法人をいう（法法２十二)。	[合併] ・合併法人 合併により被合併法人から資産及び負債の移転を受けた法人をいう（法法２十二)。 ・被合併法人 合併によりその有する資産及び負債の移転を行った法人をいう（法法２十一)。
[分割] 定義規定なし	[分割] ・分割法人 分割によりその有する資産又は負債の移転を行った法人をいう（法法２十二の二)。 ・分割承継法人 分割により分割法人から資産又は負債の移転を受けた法人をいう（法法２十二の三)。

う違いはあります。

定義規定の見直しにより，合併であっても分割であっても「資産等の移転」がキーワードになりました。

(2) 組織再編税制は譲渡益だけでなく譲渡損も繰延べ

法人税法では「圧縮記帳」という制度がありますが，「圧縮記帳」とは法人の課税所得として発生している特定の利益について，一定要件の下に，その課税関係を将来に繰り延べる制度をいい，譲渡益の繰延べを前提としていて，譲渡損の繰延べは予定していません。

税理士事務所の勤務税理士や職員は，法人税法上の「圧縮記帳」や所得税法上の「課税繰延べ措置（所得税法では「譲渡がなかった」とみなします)」に慣れ親しんでいて，課税繰延べとは譲渡益の発生のみが前提と思い込んでいました。

ところが，創設された組織再編税制では「移転資産に対する支配が再編成後も継続している」と認められる場合には，移転資産の譲渡益（キャピタルゲイン）だけでなく譲渡損（キャピタルロス）の繰延べも行われることになりました。

したがって，平成13年度改正以後は組織再編税制だけでなく後述の連結納税制度（グループ通算制度）やグループ法人税制においても，「譲渡益の繰延べ」だけでなく「譲渡損の繰延べ」もあり得ることを認識する必要性に迫られることになりました。

法人税法上の圧縮記帳	組織再編税制等
譲渡益 ⇒ 一定要件の下に課税繰延べ	移転資産の譲渡益 ⇒ 支配継続により課税繰延べ
譲渡損 ⇒ 繰延べの規定なし	移転資産の譲渡損 ⇒ 支配継続により課税繰延べ

(3) 別表四と別表五㈠が一致しない事態の出現

現在では，法人税の税額計算を行うための別表作成が手作業で行われることは皆無だと思いますが，昭和の時代は手作業で別表作成が行われていました（電卓が普及する前はソロバンで加減算の計算をしていました)。

法人税の別表四は，会社計算による「当期利益欄（①)」から開始して法人税の「所得金額欄(52)」を誘導的に算出するためのものですが，別表四と別表五㈠は連動機能があり，「別表四の加算項目（小計⑪欄他)」は「別表五㈠の当期の増減の増欄（③)」に転記されるとともに，「別表四の減算項目（小計㉒欄他)」は「別表五㈠の当期の増減の減欄（②)」に転記されることになっています。

「通常の場合」には，別表四と別表五㈠の記載に誤りがないか，つまり，法人の所得計算に誤りがないか検算する算式が，別表五㈠の左上［御注意］欄で次頁のように記載されていて，この検算によって別表四と別表五㈠の記載に誤りがないことが確認できる仕組みになっています。

この表は，通常の場合には次の式により検算ができます。

期首現在利益積立金額合計「31」① ＋ 別表四留保所得金額又は欠損金額「52」 － 中間分・確定分の法人税等，都道府県民税及び市町村民税の合計額 ± 中間分・確定分の通算税効果額の合計 － 差引翌期首現在利益積立金額合計「31」④

しかし，組織再編税制の創設により，上記の算式により検算ができない事態（「通常の場合」に該当しない事態）が出現することになりました。

例えば，合併より引継いだ被合併法人の資産等は会計処理により合併法人に受入れされますが，被合併法人の減価償却資産に償却超過額があると会計処理では対応できないため，合併法人の「別表五(一)の当期の増減の増欄（③)」で税務上の受入れ処理が行われることになります。

しかし，この償却超過額の受入れ処理は「別表五(一)の当期の増減の増欄（③)」に記載されるのみで「別表四の加算項目」には記載されないため，上記の検算が機能しないことになります。

組織再編税制創設当時，東京国税局では合併等により上記のような「別表五(一)の当期の増減の増欄（③)」に記載されるのみで「別表四の加算項目」に記載されない場合には，「別表四」と「別表五(一)」の検算が一致しなくても差し支えないとの説明がされており，そのような場合には「別表五(一)の当期の増減の増欄（③)」の増加金額に（※）を付すように指導していました。

筆者は，税理士事務所に入った直後に先輩職員から法人税・別表の書き方の指導を受けた後，担当した法人の別表計算で毎月のように別表四と別表五㈠に誤りがないか前述の検算により確認していました（手作業・ソロバンで別表作成を行っていました）。

平成中期以後や令和の時期に税理士登録された先生方には，当たり前のことかもしれませんが，「別表五㈠」のみの記載で「別表四」に記載されない処理がいまだに馴染めません。

3 連結納税制度のあらまし

平成14年度税制改正により，完全支配関係（親法人が子法人の株式を100％所有等）がある法人間での連結納税制度（選択制）が創設され，平成22年度税制改正ではグループ法人税制（強制適用）が追加されるとともに，令和２年度税制改正で連結納税制度に代えてグループ通算制度が導入されました。

したがって，完全支配関係があればグループ法人税制が強制適用されますが，連結納税制度（改正後はグループ通算制度）は選択することにより適用を受けることができる仕組みになっています。

⑴ 連結納税制度の創設等

平成13年10月に政府税制調査会（法人課税小委員会）の「連

結納税制度の基本的考え方」での「実態に即した適正な課税」という考え方などにより，連結納税制度が創設されました。

ただし，創設された連結納税制度では，連結子法人は加入時に資産の時価評価を行うことや，連結子法人の連結開始前欠損金の持込み制限等が設けられたため，連結子法人の資産時価評価や欠損金の持ち込み制限の対象となる連結グループでは連結納税制度の選択を見送ることが多く，選択する連結グループは欠損金の持ち込み制限等の影響を受けない連結グループ（連結親法人の欠損金を連結子法人の黒字と通算）などで行われたようです。

その後，平成22年度税制改正により「グループ法人税制」が導入されましたが，その際，経済界の要望を受けて，連結子法人の連結開始前欠損金の持込み制限の緩和（組織再編税制に準じた緩和）が行われました。

⑵ 連結納税制度の見直し

政府税制調査会の総会（令和元年８月27日）において，連結納税制度に関する専門家会合による「連結納税制度の見直しについて」の報告を端緒として，「事務負担の軽減を図るための簡素化やグループ経営の多様化に対応した中立性・公平性の観点」から連結納税制度が見直しされ，令和４年４月１日以後開始事業年度から施行されることになりました。

4 組織再編税制などに関する事前照会

(1) 組織再編税制に関する事前照会

前述のように組織再編税制は難解な規定が多く，また，頻繁に税制改正が行われていることなどから，税理士が顧問先法人から相談を受けても回答に窮する場合も想定されます。

そのような場合には，顧問先法人に代わり税理士が代理人として各国税局に事前照会を行うことができる仕組みが設けられていますので（税務代理権限証書の提出が必要），活用すべきといえます。

詳細は，下記を参照ください。

https://www.nta.go.jp/taxes/shiraberu/sodan/kobetsu/saikenshien/02.htm

(2) 連結納税制度に係る個別照会

連結納税制度についても，組織再編税制と同じような個別照会が受けられる仕組みになっています。

具体的には，連結グループの親会社の所管区分に応じた部署において対応するようですので，詳細は下記を参照ください。

https://www.nta.go.jp/taxes/shiraberu/sodan/kobetsu/renketsu/03.htm

第７回 相続税の課税方式見直しの頓挫（平成20年度）と贈与税の見直し実現（令和５年度）

令和５年度税制改正では，贈与税の見直しが関心の高い改正項目といえますが，約15年前に相続税の課税方式見直しが議論されたことがありました。

結果として，相続税の課税方式見直しは頓挫しましたが，その名残りとして現行の相続税の課税方式における「特例の適用がない他の共同相続人の税負担も軽減される」取扱いが，平成21年度税制改正により創設された法人版事業承継税制では「特例の適用がない他の共同相続人の税負担は軽減されない」取扱いに是正されました。

第７回は，約15年前の相続税の課税方式見直し騒動の顛末と令和５年度税制改正により実現した贈与税の見直しやその留意点などを確認します。

1 相続税の課税方式

相続税の課税方式は，被相続人の遺産に対し課税する遺産課税方式と相続人が相続により取得した遺産に対し課税する遺産取得課税方式に区分されます。

現在の日本での相続税の課税方式は，次頁❷の変遷を経て遺産取得課税方式を基礎とした法定相続分課税方式が採用されています。

(1) 遺産課税方式

遺産課税方式とは，遺言執行者等が遺産から先に相続税を納付し，相続人は相続税を納付した後の遺産を分割する方式をいい，アメリカやイギリスで採用されています。

(2) 遺産取得課税方式

遺産取得課税方式とは，相続人が取得した遺産（相続税の控除前）に対して相続税を課税する方式であり，先に共同相続人の間で遺産分割を行い，共同相続人が分割後の遺産から相続税を納付する方式をいい，ドイツやフランスで採用されています。

(3) 法定相続分課税方式

法定相続分課税方式とは，上記(2)の本来の遺産取得課税方式を基礎とした課税方式であり，遺産を法定相続分で分割したものと仮定して相続税の総額を算出することにより遺産分割がどのように行われても，遺産と法定相続人の数が同様であれば相続税の総額も同一になる仕組みを採用しています。

⑷　遺産取得課税方式と法定相続分課税方式の比較

前記⑵遺産取得課税方式と⑶法定相続分課税方式との相違を比較すると下表のようになりますが，その相違が課税方式見直しの論点にもなっています。

遺産取得課税方式	法定相続分課税方式
①　相続税の計算 各相続人が取得した遺産により相続税の計算・申告を行うため，相続人の１人の申告漏れにより他の共同相続人に追徴税額が発生することはありません。	①　相続税の計算 相続人全員が取得した全ての遺産を把握しなければ相続税の計算・申告ができず，相続人の１人の申告漏れがあれば他の共同相続人にも追徴税額が発生します。
②　同額の遺産を取得すれば同額の税負担 法定相続人の数に関係なく，同額の遺産を取得した相続人であれば，同額の税負担になります。	②　法定相続人の数により税負担が決定 相続により取得した遺産の額が同額であっても，法定相続人の数によって税額が異なります。
③　特例の減税効果は特例適用者のみ 小規模宅地等の特例などは，適用対象者である相続人のみに減税効果が及び，他の共同相続人の税負担は軽減されません。	③　特例の減税効果が他の共同相続人にも及ぶ 小規模宅地等の特例などの減税効果は，適用対象者以外の他の共同相続人の税負担にまで及びます（軽減されます）。

2 相続税と贈与税の課税方式の変遷

相続税は，日露戦争が勃発した翌年に遺産課税方式により創設されましたが，その後における相続税と贈与税の課税方式は下表のような変遷をたどりました。

<table>
<tr><th rowspan="2">改正時期</th><th rowspan="2">一体化の変遷</th><th colspan="2">課税方式</th></tr>
<tr><th>相続</th><th>贈与</th></tr>
<tr><td>明治38年
(相続税法施行)</td><td>○　相続前１年間の贈与を相続財産に合算</td><td rowspan="2">遺産課税</td><td>－</td></tr>
<tr><td>昭和22年</td><td>○　一生累積型の贈与税が導入されたが，基礎控除・税率表は相続税と別建て
○　相続前２年間の贈与を相続財産に合算</td><td>贈与者課税</td></tr>
<tr><td>昭和25年
(シャウプ勧告)</td><td>○　取得者の一生を通ずる累積課税に改組
○　贈与税が相続税に一本化され，基礎控除・税率表が贈与と相続で共通化</td><td colspan="2">取得課税</td></tr>
<tr><td>昭和28年</td><td>○　累積課税が廃止され，贈与税が復活(暦年課税)
○　相続前２年間の贈与を相続財産に合算</td><td>遺産取得課税</td><td rowspan="3">受贈者課税</td></tr>
<tr><td>昭和33年</td><td>○　法定相続分課税方式の導入
○　贈与税の３年間の累積課税方式の導入（昭和50年に廃止）
○　相続前贈与の合算期間を３年に延長</td><td rowspan="2">法定相続分課税</td></tr>
<tr><td>平成15年</td><td>○　相続時精算課税制度の導入</td></tr>
</table>

(政府税制調査会資料)

(1)　明治38（1905）年に相続税の創設

相続税は明治38（1905）年に創設されましたが，日露戦争の戦費調達が目的で「偶然所得の発生」による担税力を根拠として課税されることになりました。

(2) 昭和22（1947）年のシャベル勧告による贈与税の創設

昭和22（1947）年には，「日本の相続税及び贈与税に関する原則と勧告（シャベル勧告）」を基礎とした相続税・贈与税の改正が行われ，次のような見直しが行われました。

① 民法の改正に対応して家督相続と遺産相続の課税区分の廃止

② 贈与者の一生を通じた贈与財産の累積額に対して課税するという贈与税の創設

③ 賦課課税方式を廃止し，申告納税方式の採用

(3) 昭和25（1950）年のシャウプ勧告で贈与税が相続税と一体化

昭和25（1950）年の改正は，「シャウプ使節団　日本税制報告書（シャウプ勧告・第一次）」を基礎として行われました。

シャウプ勧告は，従前の遺産課税方式を遺産取得課税方式に見直し，遺産取得者に対し取得者が一生を通じて取得した財産を全て総合累進して課税することになり，贈与税と相続税が一体化されました。

(4) 昭和28（1953）年に贈与税が復活

サンフランシスコ講和条約が昭和27（1952）年に発効され，

連合国軍の占領下から解放された翌年の昭和28（1953）年には累積課税が廃止され，遺産取得課税方式の相続税と暦年ごとに財産取得者に課税される贈与税が復活する改正が行われました。

(5) 昭和33（1958）年に法定相続分課税方式が導入

昭和32（1957）年12月の税制特別調査会の答申では，現行の遺産取得課税方式は維持しつつ「共同相続人が遺産を民法900条の相続分の割合により取得したものと仮定して算出した税額を，各相続人が相続により実際に取得した財産の価額に応じて納付されることが適当である」との提案があり，相続税について法定相続分課税方式が導入されました。

また，贈与税については，生前贈与の合算期間が３年に延長されました。

(6) 平成15（2003）年に相続時精算課税制度が導入

平成15（2003）年度税制改正において，相続税と贈与税の一体化措置として「相続時精算課税」が導入されました。

平成14（2002）年11月に税制調査会から提出された「平成15年度における税制改革についての答申－あるべき税制の構築に向けて－」では，「この一体化措置は，従来の相続税と贈与税との関係を大きく見直すものであり，両税の抜本的改革として位置付けられるものである」とされ，相続税制の根幹に関する改正ともいわれました。

3 相続税の課税方式見直しの頓挫

(1) 見直しの端緒

相続税の課税方式見直しは，政府税制調査会が平成19年11月に公表した答申「抜本的税制改革に向けた基本的考え方（平成20年度答申）」では，相続税の課税方式について，法定相続分課税方式における問題点として「……必ずしも個々の相続人の相続額に応じた課税がなされず，また，１人の相続人の申告漏れにより他の共同相続人にも追徴税額が発生すること」などや「居住等の継続に配慮した現行の各種特例（小規模宅地等の特例など）は，現行課税方式の下では居住等を継続しない他の共同相続人の税負担をも軽減する効果がある」ことから，課税方式のあり方について実務的な検討が必要と指摘されたことが端緒になりました。

(2) 相続税の課税方式の見直しに伴う主な法制的・実務的論点

平成20年度税制改正の要綱（平成20年１月11日閣議決定）において，「相続税の課税方式を遺産取得課税方式に改めることを検討する」とされたことを受け，平成20年８月１日から８月29日の間に，全国15税理士会で財務省・主税局との意見交換が開催されました。

日本税理士会連合会では，公平な税負担を目指す観点から，遺産取得課税方式への変更を建議していたため，意見交換においても課税の公平を図るべきとの立場に基づき，大筋において賛成したようです。

また，日本税理士会連合会の，相続税の課税方式を本来の遺産取得課税方式に改めることにした場合における主な法制的・実務的論点の詳細は，下記を参照ください。

○ 「相続税の課税方式変更」に関する主税局との意見交換会資料について－日本税理士会連合会（nichizeiren.or.jp）

(3) 全国15税理士会とは

税理士は全国で約８万人が登録されていますが，税理士会はその監督機関として税理士自身が構成する組織です。

税理士会は，税理士法によって定められた特別法人で，各国税局の管轄地域に合わせて全国で15ありますが，全ての税理士はその地域の税理士会に所属することになっていて，税理士会は所属会員への指導・連絡，及び監督を行っています。

また，全国の税理士会の上部機関として日本税理士会連合会という全国組織が設置されていますが，日本税理士会連合会も税理士法に基づく法人で，税理士会や会員に対する指導・監督等を行っています。

(4) 東京税理士会と主税局との意見交換

前記(2)のように平成20年８月，全国15税理士会で財務省・主税局との意見交換が開催されましたが，筆者が所属する東京税理士会は全国15税理士会のうち最後に主税局と意見交換が行われ，意見交換の出席者のうち税理士側は東京税理士会の会長・副会長以外に，東京税理士会の学術研究機関である日本税務会計学会の会長・副学会長でした。

筆者も日本税務会計学会に所属していたことから，意見交換に出席した副学会長にどのような議論が行われたか聞いたはずですが，その記憶が定かではありません。

(5) 課税方式見直しの頓挫

全国15税理士会と財務省・主税局との意見交換が終了し，平成21年度税制改正で相続税の課税方式見直しが実現するのかと思っていたところ，突然，諸般の事情により白紙に戻ることになってしまいました。

約15年前の相続税の課税方式見直しは頓挫しましたが，その際の議論はいずれ近い時期に再燃する可能性があるものと推測しています。

(6) 頓挫の名残り

相続税の課税方式見直しは頓挫しましたが，前記**2**(1)の平成20年度答申の問題点として指摘された「特例の適用がない他の共同相続人の税負担も軽減される」現行の取扱いが，法人版事業承継税制（一般措置）の創設以後の特例で是正されました（それ以後に創設された特例として，山林の納税猶予及び免除・美術品の納税猶予及び免除などがあります）。

具体的には，下記のように納税税猶及び免除の特例の適用を受ける相続人（A）の納付税額は減額されますが，特例の適用を受けない相続人（B）の納付税額は減額されていません。

【非上場株式等についての贈与税・相続税の納税猶予及び免除の特例措置等に関する質疑応答事例について（令和２年７月７日資産課税課情報）】

《猶予税額の計算》

（問４－２）「相続税の納税猶予の特例措置」の猶与税額の計算（１）：通常の場合

（問）　甲の死亡により，その相続人である子Ａ及び子Ｂは，次のとおり財産を取得した。

　ＡがＸ株式会社の株式について「相続税の納税猶予の特例措置」の適用を受けるとした場合，猶与税額等はどのようになるか。

	A	B	合計
Ｘ株式	３億円	－	３億円
その他	２億円	５億円	７億円
合計	５億円	５億円	10億円

（注）　法定相続人はＡ及びＢの２人である。

（答）

次のとおり。

	A	B
各人の算出税額	１億9,750万円	１億9,750万円
猶予税額	１億1,062.5万円	－
申告期限までに納付すべき税額	8,687.5万円	１億9,750万円

（国税庁資料）

4 贈与税の見直し実現

前述のように相続税の課税方式の見直しは実現しませんでしたが，令和３年度・令和４年度の税制改正大綱（与党）等では，相続税と贈与税をより一体的に捉えて課税する観点から，現行の相続時精算課税制度と暦年課税制度のあり方を見直すなど，格差の固定化防止等の観点も踏まえながら，資産移転時期の選択に中立的な税制の構築に向けて本格的な検討を進めるべきとの考え方が主流となっていました。

そして，令和５年度税制改正では，資産移転の時期に中立的な税制を構築するため，現行の法定相続分課税方式の下での当面の対応として，次の見直しが行われ，令和６年１月１日以後に贈与により取得する財産に対し適用されることになりました。

(1) 相続時精算課税制度の見直し

相続時精算課税制度について，相続時精算課税適用者が特定贈与者から贈与により取得した財産に係るその年分の贈与税については，現行の基礎控除とは別途，課税価格から基礎控除110万円を控除できることとするほか，相続時精算課税で受贈した土地・建物が災害により一定以上の被害を受けた場合，相続時にその課税価格を再計算する見直しが行われました。

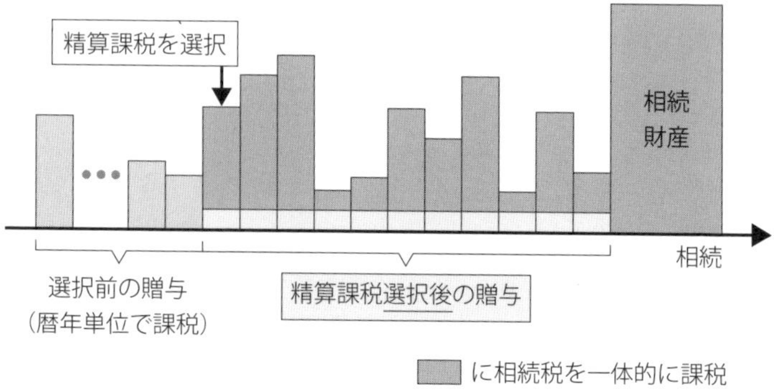

・毎年，110万円まで課税しない
（暦年課税の基礎控除とは別途措置）
・土地・建物が災害で一定以上の被害を受けた場合は相続時に再計算

（財務省資料）

(2)　暦年課税制度の見直し

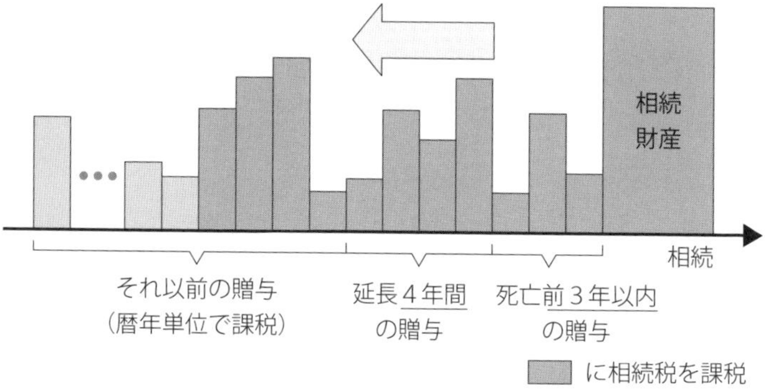

・加算期間を７年間に延長
・延長４年間に受けた贈与については総額100万円まで相続財産に加算しない

（財務省資料）

暦年課税制度における相続前贈与の加算期間を7年に延長するほか，延長した期間（4年間）に受けた贈与のうち一定額（100万円）については，相続財産に加算しないこととする見直しが行われました。

(3) 見直しにおける留意点

① 相続時精算課税の留意点

令和5年度税制改正による贈与税の見直しは，令和6年1月1日以後に贈与により取得する財産に対し適用されますが，相続時精算課税における基礎控除などについて次のような取扱いがあることから，令和6年以後の施行までに改正の詳細を確認する必要があります。

イ 特定贈与者が2人以上いる場合における特定贈与者ごとの贈与税の課税価格から控除する金額の計算

相続時精算課税に係る基礎控除110万円は，受贈者1人につき毎年認められるものですが，次頁図のように同一年に2人以上の特定贈与者から贈与を受けた場合における基礎控除額は110万円が限度になります（措令40の5の2）。

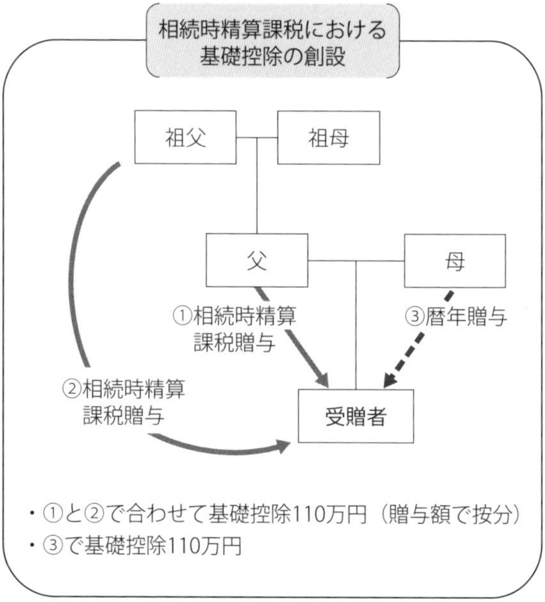

（自民党税制調査会資料）

ロ　土地・建物の災害の程度は10%以上

土地・建物が災害で一定以上の被害を受けた場合には，相続時に再計算されますが，一定以上の災害とは，次の算式により計算した割合が10％以上の場合をいいます（措令40の５の３③・④）。

土地 ⇨ $\dfrac{\text{被災価額}}{\text{贈与時の価額}} \geqq 10\%$

建物 ⇨ $\dfrac{\text{被災価額}}{\text{想定価額}} \geqq 10\%$

前頁の計算式で，建物の場合は「贈与時の価額」ではなく「想定価額」が採用されているのは，土地は時の経過により価値が減少しない前提とすることも可能ですが，建物は時の経過により価値の減少を計算要素に含める必要があるためと考えられます。

②　暦年課税の留意点

イ　加算期間延長の開始時期

暦年課税における加算期間の見直しも令和６年１月１日以後の贈与から適用されますが，下図の経過措置により，令和６年の３年後である令和９年１月１日から順次延長されることに留意する必要があります。

【相続前贈与の加算期間の見直しに伴う経過措置のイメージ】

○　2024年（R６）年１月１日以降に受けた贈与について，相続前贈与の加算期間の延長を適用する。
⇨　相続前贈与の加算期間は，３年後の2027（R９）年１月１日から，順次延長されることとなる。

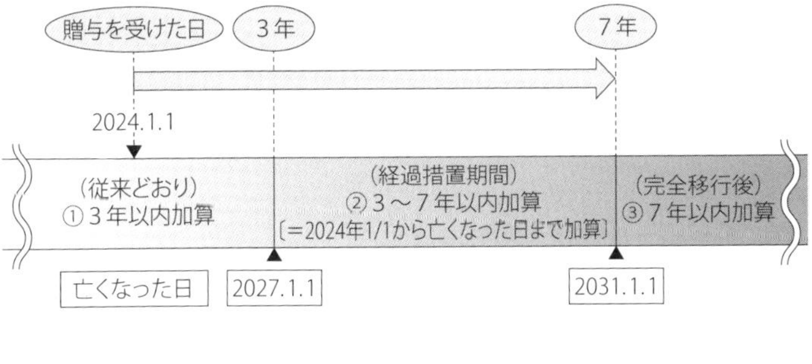

【①の例】 2026年7/1に亡くなった場合，相続前贈与の加算の対象は，2023年7/1以降に受けた贈与（＝3年間）
【②の例】 2028年8/1に亡くなった場合，相続前贈与の加算の対象は，2024年1/1以降に受けた贈与（＝4年間）
【③の例】 2031年7/1に亡くなった場合，相続前贈与の加算の対象は，2024年7/1以降に受けた贈与（＝7年間）

（自民党税制調査会資料）

ロ　加算期間見直しの具体例

加算期間が延長される令和9年以後に相続が開始して，生前贈与があった場合には下記Q&Aのように，生前贈与財産を「相続開始前3年以内の贈与財産」と「相続開始前3年以内の贈与以外の贈与財産」に区分して，相続税の課税価格を計算することに留意する必要があります。

加算対象期間等の見直しに関するQ＆A

問　夫は，令和10年4月1日に亡くなり，長男と長女は相続により財産を取得しました。長男と長女が夫から生前に贈与（暦年課税）により取得していた財産の価額は次のとおりです。これらの財産の価額は夫の相続財産にどのように加算されますか。

贈与年月日	①令和5年4月1日	②令和6年3月10日	③令和7年3月15日	④令和7年5月20日	⑤令和8年5月15日
長男	200万円	200万円	100万円	100万円	200万円
長女	200万円	150万円	300万円	200万円	200万円

答　お尋ねの場合，相続開始日が令和10年4月1日のため，加算対象期間は令和6年1月1日から相続開始日までの間となります。したがって，②から⑤までの贈与により取得した財産の価額が相続税の課税価格に加算されます。

なお，この加算の対象となる財産のうち相続開始前３年以内の贈与により取得した財産以外の財産については，その財産の価額の合計額から100万円を控除した残額が相続税の課税価格に加算されます。

したがって，各人の相続税の課税価格に加算される贈与により取得した財産の価額は，次のとおりです。

〔相続開始前３年以内の贈与以外の贈与財産〕　〔相続開始前３年以内の贈与財産〕

長男：〔(②200万円＋③100万円)－**100万円**〕＋〔④100万円＋⑤200万円〕

＝500万円

長女：〔(②150万円＋③300万円)－**100万円**〕＋〔④200万円＋⑤200万円〕

＝ 750万円

また，①の贈与により取得した財産の価額については，令和５年12月31日以前の贈与のため，相続税の課税価格に加算されません。

（財務省資料）

第8回
判例研究と税理士の実務

第1回の最後の頁で，「税制改正」と「税賠事故事例」を学ぶことは税理士実務を行うための車の両輪と記述しましたが，その両輪だけでは足りないものがあるとすれば「判例研究」になると思います。

税務調査による追徴処分を納税者が納得せず，訴訟（裁判による司法判断）に至る場合もありますが，その訴訟において納税者の主張が認められる割合は約５％に過ぎません。

ほとんどの訴訟で，国側の主張が認められ納税者の主張が認められない要因は何なのか判決文を読み解くことによる知識の積み重ねが，税務調査の場面などで役立つことが多くあります。

第８回は，判例研究を行っている税理士グループを紹介するとともに，訴訟のあらまし及び訴訟を端緒として法令が改正された判決などを紹介したいと思います。

1 判例研究を行っている税理士のグループ

全国15税理士会の地域ごと，指導的な役割を果たす経験豊富な税理士を中心に判例研究会が幾つも存在しているものと推測されますが，筆者が所属していたり接点のある判例研究グループを紹介したいと思います。

平成初期に，日本税務研究センターが主導で立ち上げた判例研究会に「守之会（もりゆき会：ＴＨ会より若干早く開始）」と「ＴＨ会（ティーエイチ会：平成４年１月開始）」があります。

山本守之先生が指導された「守之会」は法人税を中心とした判例研究を行い，平川忠雄先生が指導した「ＴＨ会」は資産税を中心に判例研究を行うことでスタートし，両先生がお亡くなりになった現在も，毎月継続して開催されています。

立ち上げの経緯は，日本税務研究センターが主催する当時の研修会で会員（税理士）が多く集まる人気講師が山本守之先生と平川忠雄先生だったようで，日本税務研究センターとしては会員サービスの一環という側面もあったようです。

筆者が所属しているＴＨ会（代表世話人である安部勝一先生は，立ち上げ時から平川先生が亡くなるまで約30年にわたり役職を継続されました）では，毎月，持ち回りで所属会員が発表者となり，発表者が選定した判決文に従い「納税者の主張」・「国の主張」・「裁判所の判示」を説明した後に「発表者の私見」を述べ，最後に参加している会員が意見交換を行う形式で判例研究を行っていますが，他の判例研究会でも同じような形式のようです。

先日お亡くなりになった右山昌一郎先生が主催されていた「右山研究グループ」では，判例研究だけでなく税法全般を含めた研究会が毎月開催されているようです。

また，東京税理士会の学術研究機関である日本税務会計学会では，６部門のうちの１つに「訴訟部門」があり，その「訴訟部門」でも毎月，千駄ケ谷の東京税理士会館で研究発表が行われています。

さらに，MJS税経システム研究所／税務システム研究会では，租税判例理論の実践的な研究の場として，中央大学名誉教授の大淵博義先生に座長を依頼して「租税判例研究会」が隔月で開催されています。

2 令和４年度における訴訟のあらまし

税務調査などによる法律に基づく処分についての納税者の救済制度には，処分庁に対する再調査の請求及び国税不服審判所長に対する審査請求という行政上の救済制度（不服申立制度）と，裁判所に対して訴訟を提起して処分の是正を求める司法上の救済制度があります。

納税者は，上記の行政上の不服申立てを経た後なお不服があるときは，裁判所に対して「訴訟」を提起することができます。

(1) 訴訟の発生状況

令和４年度における訴訟の発生件数は173件であり，令和３年度と比べ8.5％の減少となっています。

区分	課税関係						徴収関係	審判所関係	合計
	所得税	法人税	相続税贈与税	消費税	その他				
令和３年度	59件	42件	17件	25件	８件	151件	35	3	189
令和４年度	67件	39件	20件	17件	11件	154件	17	2	173
前年度比	113.6%	92.9%	117.6%	68.0%	137.5%	102.0%	48.6%	66.7%	91.5%

（国税庁資料）

(2)　訴訟の終結状況

令和４年度における訴訟の終結件数は186件となっていますが，このうち国側が敗訴したものは10件（一部敗訴４件，全

区　分	期首係属	終結状況							期末係属
		取下げ等	却下	棄却	敗　訴			合計	
						一部	全部		
令和４年度（構成比）	185件	13件（7.0%）	９件（4.8%）	154件（82.8%）	10件（5.4%）	４件（2.2%）	６件（3.2%）	186件（100%）	172件
課税関係	161件	９件	６件	134件	８件	４件	４件	157件	158件
徴収関係	22件	３件	２件	18件	２件	０件	２件	25件	14件
審判所関係	２件	１件	１件	２件	－	－	－	４件	０件

（注）　取下げ等は，本年度においては取下げ及び移送の件数です。

（国税庁資料）

部敗訴６件）でその割合は5.4％となっています。

3 訴訟を端緒として法令が改正された裁判例

(1) 発行法人への株式譲渡における法人税に関する争い

現行の制度では，法人が所有する株式を発行法人に譲渡した場合には，次の①のように発行法人による出資の払戻し（自己株式の取得）と認識され，株式の譲渡法人はみなし配当及び株式の譲渡損益が計上されます。

① みなし配当と譲渡損益の計上

法人が発行法人に株式を譲渡した場合には，次頁下表のように会計処理と税務処理が相違します。

次頁図表を前提とすれば，発行法人の利益積立金部分の金額はみなし配当（次頁図表：300千円）として課税の対象となり，みなし配当以外の部分の金額（資本金等部分，次頁図表：150千円）は株式の譲渡対価になるため，株式の譲渡損失（次頁図表：150千円－500千円＝△350千円）が発生します。

結果として，みなし配当（受取配当金）には益金不算入の規定が適用されるとともに，株式の譲渡損失が損金算入されるため，いわゆる「二重控除（益金不算入と損金算入）」の課題があります。

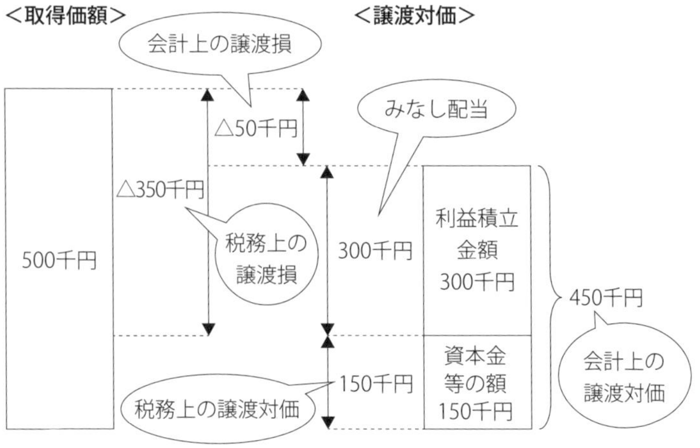

会計処理	現金　450千円　／　株式　500千円 譲渡損　50千円
税務処理	現金　450千円　／　株式　500千円 譲渡損　350千円　／　みなし配当　300千円
会計上の譲渡損益	450千円（会計上の譲渡対価）－500千円（取得価額）＝△50千円
税務上の譲渡損益	150千円（税務上の譲渡対価：資本金等）－500千円（取得価額）＝△350千円

②　二重控除に係る争いのあらまし

日本法人（甲社とします）の米国親会社（A社とします）は，平成14年に日本子会社（B社とします）に甲社の全株式を譲渡しました。

その後，B社は甲社に3回にわたり（平成14年・15年・16年），甲社の発行株式の約22％を約4,300億円で譲渡しました。

Ｂ社はＡ社から取得価額により甲社に譲渡したためＢ社の会計上の譲渡損益はゼロになりますが，税務上は約4,000億円の譲渡損失と同額のみなし配当（受取配当金）が計上されました。

会計処理	現預金　約4,300億円	／　甲社株式　約4,300億円
税務処理	譲渡損　約4,000億円	／　みなし配当　約4,000億円

国税当局は，一連の行為（約4,000億円の株式譲渡損失の損金算入等）に法人税を免れる意図があったとして「行為計算否認規程」を適用し，約1,200億円の追徴課税処分を行いました。

しかし，東京地裁判決（平成26年５月９日）では，「租税回避以外に正当な理由ないし事業目的が存在しないとまでは言い切れない」として納税者勝訴の判断を行いました。

さらに，東京高裁判決（平成27年３月25日）においても原審の判断が維持され，最高裁は国側の上告申立てを不受理と決定し（平成28年２月18日），納税者勝訴が確定しました。

③　二重控除の課題への防止策

上記②の争いでは，みなし配当（受取配当等）の益金不算入制度と株式譲渡損失の損金算入が作為的に計上できることが争点となりましたが，司法判断が確定する前である平成22年度税制改正により，発行法人に対する株式の譲渡及びこれと同様のみなし配当の発生の基因となる事由の発生もグループ法人間に対する資産の譲渡に変わりないことから，譲渡損益が計上さ

＜100％グループ内の法人の株式の発行法人への譲渡に係る損益＞

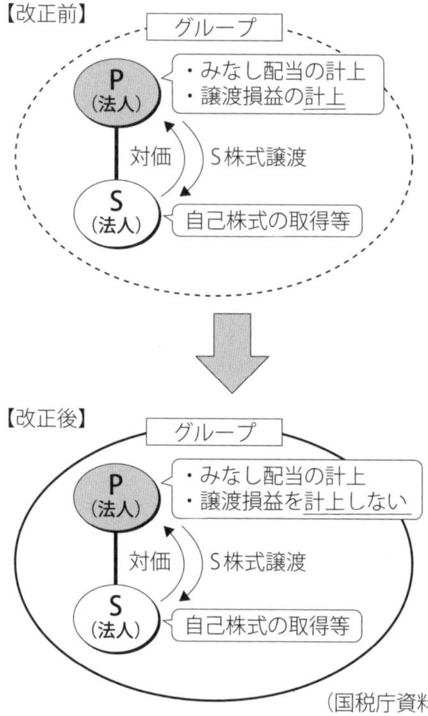

（国税庁資料）

れないことになりました。

具体的には，完全支配関係（100％）がある他の法人の株式を発行法人に対して譲渡をする場合には，株式の譲渡損益を計上せず，譲渡損益相当額を譲渡法人の資本金等の額から加減算することになり，前記①の例によれば，改正前及び改正後の税務上の仕訳は次のようになります。

＜改正前（自己株式譲渡時の法人株主の税務上の仕訳）＞

現　　金	450千円	／	株　　式	500千円
譲渡損	350千円		みなし配当	300千円

＜改正後（自己株式譲渡時のグループ法人株主の税務上の仕訳）＞

現　　金	450千円	／	株　　式	500千円
資本金等	350千円		みなし配当	300千円

（※）　下線部分が改正項目になり，改正前の「譲渡損」部分は「資本金等」に改正されましたが，みなし配当部分が益金不算入になることは従前と同様です。

④　平成22年度税制改正の効果

争いは納税者が勝訴しましたが，平成22年度税制改正による見直しにより「完全支配関係（100％）のあるグループ法人間」の場合に限定して，二重控除の節税策が封じられることになりました。

しかし，完全支配関係（100％）に該当しない法人間には見直しの効果が及ばないため，今後も二重控除の有利性を活用することができます。

⑵　転売目的のマンション取得における消費税に関する争い

①　争いのあらまし

集合住宅であるマンション（住宅部分をいい，以下同じ）の取得において支払った消費税額は，住宅として賃貸しないまま譲渡すれば，課税売上げのみに要するものなりますが，マンションを購入した後に一時的に住宅として賃貸し家賃収入（非課税売上げ）が発生する場合があります。

マンションの譲渡は課税売上げですが住宅としての賃貸は非課税売上げとなるため，個別対応方式により仕入控除税額を計算する場合において，転売目的によるマンションの取得が，「課税売上げのみに要するもの」なのか，課税売上げと非課税売上げに「共通対応するもの」なのかについて，次の②のように複数の争いがありました。

② 審判所・裁判所の判断

平成17年11月10日裁決では，転売目的のマンションの取得に係る消費税額の仕入税額控除について，「譲渡する目的だけでなく，賃貸収入を得る目的を併せ持って取得したもの」として共通して区分するのが相当と判断されました。

また，東京地裁判決（令和２年９月３日）では，同種の事案において上記と異なり「賃料収入が見込まれることをもって，共通対応課税仕入れに区分することは，本件事業に係る経済実態から著しくかい離するばかりでなく，課税仕入れに係る消費税額について税負担の累積を招くものとそうでないものとに適正に配分するという観点からも，相当性を欠くことから……」，課税売上げのみに要するものと判示されましたが，東京高裁判決（令和３年７月29日）では「共通対応するもの」と解するのが相当として東京地裁判決が取り消され，最高裁判決（令和

５年３月６日）においても，納税者の主張が認められず「共通対応するもの」として確定しました。

そのような状況において，令和２年度税制改正では，賃貸用住宅の取得に係る消費税の控除について，次の③の見直しが行われました。

③　令和２年度税制改正による見直し

(i)　居住用賃貸建物の取得に係る仕入税額控除の対象外

前述②の争いなどを背景として，令和２年度税制改正により令和２年10月１日以後，居住用賃貸建物（店舗等以外の建物で高額特定資産等に該当するもの）の取得時において，課税仕入れ等の税額は仕入税額控除の対象から除外されることになりましたが，次の(ii)・(iii)のような調整措置が設けられ，一定要件を満たせば仕入税額控除が認められることになりました。

(ii)　調整期間に課税賃貸用に供した場合

居住用賃貸建物の仕入れ等の日の属する課税期間の開始の日から３年を経過する日の属する課税期間の末日（調整期間）に，その居住用賃貸建物を有しており，かつ，その居住用賃貸建物の全部又は一部を調整期間に課税賃貸用に供した場合には，次頁上図の算式で計算した消費税額が第三年度の課税期間の仕入税額控除に加算（調整）されることになりました。

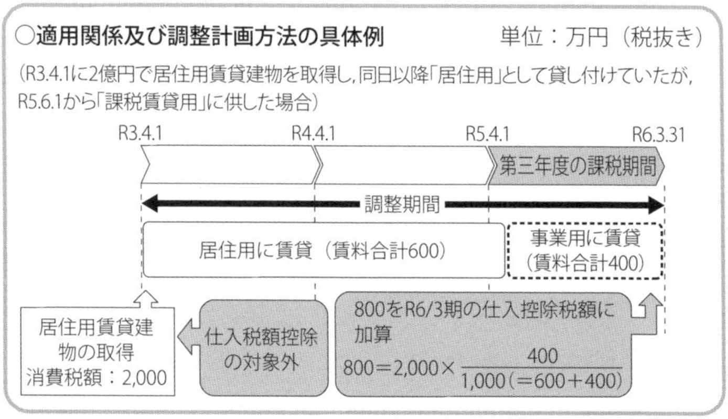

（国税庁資料を一部修正）

(iii) 調整期間に他の者に譲渡した場合

居住用賃貸建物の全部又は一部を，調整期間に他の者に譲渡した場合には，下図の算式で計算した消費税額が譲渡した課税期間の仕入税額控除に加算（調整）されることになりました。

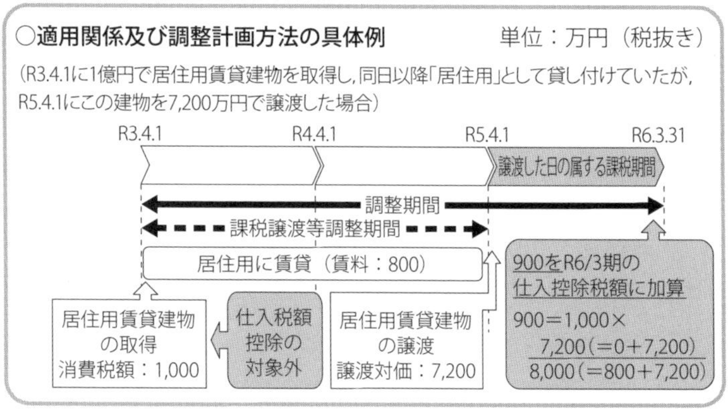

（国税庁資料を一部修正）

④　令和２年度税制改正の効果

令和２年度税制改正により，転売目的で居住用賃貸建物を取得し，転売までの期間に住宅家賃が発生しても，第三年度の課税期間までに他の者に譲渡すれば，居住用賃貸建物の取得に係る消費税額の大部分について控除が可能になりました。

そのため，令和２年10月１日以後であれば，転売目的で居住用賃貸建物を取得しても，第三年度の課税期間までに他の者に譲渡すれば，前述②の争いのような課題は解消されることになりました。

(2)　相続税の節税策に関する争い

①　相続税法におけるマンションの評価方法

相続税法では，相続等により取得した財産の価額は「当該財産の取得の時における時価（客観的な交換価値）」によるものとされており（時価主義），その評価方法は国税庁の財産評価基本通達により定められています。

②　マンション取得による節税策に係る争いのあらまし

マンションの評価について，「相続税評価額」と「市場売買価格（時価）」とが大きく乖離していることに着目して銀行借入金によりマンションを取得し，相続開始による節税効果を享受した直後にマンションを譲渡することにより譲渡対価で銀行借入金を返済する事例が数多くありました。

そのような事例では，相続税の申告後に国税当局から路線価等に基づく相続税評価額ではなく鑑定価格等による時価で評価し直して課税処分をされるというケースが発生していました。

③　令和５年度税制改正大綱による指摘

前頁②と同様のケースで争われた令和４年４月の最高裁判決（国側勝訴）以降，マンションの評価額の乖離に対する批判の高まりや，取引の手控えによる市場への影響を懸念する向きも見られ，課税の公平を図りつつ納税者の予見可能性を確保する観点からも，早期にマンションの評価に関する通達を見直す必要性が指摘されていました。

また，令和５年度税制改正大綱（与党）においても「相続税におけるマンションの評価方法については，相続税法の時価主義の下，市場価格との乖離の実態を踏まえ，適正化を検討する」と明記されていました。

④　居住用の区分所有財産の評価の新設

マンションの評価に対する課題を解決するため，不動産業界関係者だけでなく税理士・不動産鑑定士・大学教授等の構成員により「マンションに係る財産評価基本通達に関する有識者会議」での議論の後，「居住用の区分所有財産の評価について」の法令解釈通達（案）が公表されています。

法令解釈通達（案）の具体的な評価方法は，相続税評価額が市場価格と乖離する要因となっている築年数・総階数（総階数指数）・所在階・敷地持分狭小度の４つの指数に基づいて，統計的手法により乖離率を予測し，その結果，評価額が市場価格理論値の60％（一戸建ての評価の現状を踏まえたもの）に達しない場合は60％に達するまで評価額が補正されます。

評価方法の見直しのイメージ

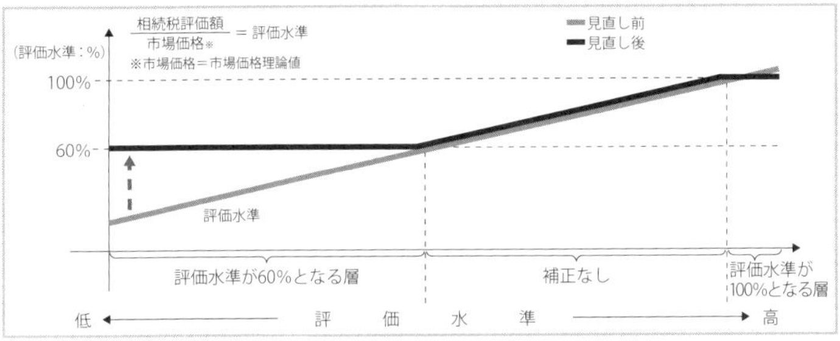

概　要

①　一戸建ての物件とのバランスも考慮して，相続税評価額が市場価格理論値の60％未満となっているもの（乖離率1.67倍を超えるもの）について，市場価格理論値の60％（乖離率1.67倍）になるよう評価額を補正する。
②　評価水準60％～100％は補正しない（現行の相続税評価額×1.0）
③　評価水準100％超のものは100％となるよう評価額を減額する。

（国税庁資料）

⑤　マンション評価新設の効果

前述の最高裁判決以後，相続財産にマンションがあれば財産評価基本通達ではなく鑑定評価が必要か否か判断に迷うことがありましたが，令和６年１月１日以後は新設されたマンションの評価方法によれば適正な評価額と是認されることから，予見可能性が確保されることになります。

また，新設されるマンションの評価方法は，「相続税評価額」と「市場売買価格（時価）」との乖離が縮減されましたが，乖離がまったく存在しなくなったわけではないことに留意すべきです（一戸建て並みの節税効果は確保されています）。

4 毎日の力

前述2⑴「訴訟の発生状況」によれば，令和３年度の訴訟提起は189件・令和４年度は173件になっています。

税理士実務を行っている税理士事務所（税理士法人を含む）の数を約６万者と推定して，次の算式による割合を求めると１％にも満たない「0.3％」になります。

$$\frac{\text{年間の訴訟提起数・約180件}}{\text{税理士事務所・約６万者}} = 0.3\%$$

上記の算式を前提にすれば，税理士実務を行うことにより税理士が訴訟に関わる可能性は１年間に「0.3％」であり10年累計しても「３％」の数値に過ぎず，訴訟に関わる可能性は極めて低いことになりますが，極めて低くいとしても納税者の権利を守るためには訴訟まで見据えた対応を心掛けることが肝要と考えています。

訴訟に備えた対応とは，前述3「訴訟を端緒として法令が改正された裁判例」を含めた過去の裁判例（裁決を含め）を読み解き理解する作業と，税理士としての実務経験を積み重ねることです。

税制改正の背景となる裁判例を知った上で税制改正項目を理

解する場合と，その背景を知らず税制改正項目だけ理解する場合とを比較すると，その理解の深度には大きな差がでます。

税理士実務を継続するためには，「税制改正」・「税賠事故事例」併せて「判例研究」を積み重ねるための原動力となる「毎日の力」が不可欠と考えています。

〔著者略歴〕

中島　孝一（なかじま　こういち）

［略　歴］　現在　中島税理士事務所・所長，日本税務会計学会・相談役，東京税理士会・会員相談室運営委員，日本税務研究センター・税務相談室相談員，ＭＪＳ税経システム研究所・客員研究員

［著書等］　「令和５年度税制改正と実務の徹底対策」（日本法令・共著）
「税賠事故事例から学ぶ 税目別 税理士実務の落とし穴」（ぎょうせい）
「目的別 相続対策 選択ガイトブック」（新日本法規出版・共著）
「相続税実務の鉄則に従ってはいけないケースと留意点」（清文社・共著）
「「事業承継税制の特例」完全ガイド」（税務研究会・共著）
「中小企業の会計要領と実務」（税務経理協会・共著）
「租税基本判例80」（日本税務研究センター・共著）　他

税制改正と税理士の心得
税に関する今と昔

2023年12月25日 初版発行

著　者　中島孝一

発行者　大坪克行

発行所　株式会社 税務経理協会
〒161-0033東京都新宿区下落合1丁目1番3号
http://www.zeikei.co.jp
03-6304-0505

印　刷　株式会社　技秀堂

製　本　牧製本印刷株式会社

デザイン　原宗男（カバー）

本書についての
ご意見・ご感想はコチラ

http://www.zeikei.co.jp/contact/

本書の無断複製は著作権法上の例外を除き禁じられています。複製される場合は，そのつど事前に，出版者著作権管理機構（電話03-5244-5088，FAX03-5244-5089，e-mail: info@jcopy.or.jp）の許諾を得てください。

JCOPY <出版者著作権管理機構委託出版物>

ISBN 978-4-419-06979-7　C3034

© 中島孝一 2023 Printed in Japan